ネットトレーダーズBOOK

株
2年生
の教科書

西村　剛

TSUYOSHI NISHIMURA

中原良太

RYOTA NAKAHARA

総合科学出版

はじめに

株2年生は「これからの10年を決める」大きな分かれ道

株1年生の頃、つまり株式投資をはじめたばかりのときあなたは、おそらく「稼ぐぞ！」と意気込み、新鮮な気持ちだったかと思います。しかし、株式投資を始めてから1年、あるいは数年が経過してみると、「なかなか稼げない」と焦り、不安な気持ちになってきたのではないでしょうか？　逆に、「簡単に稼げるじゃないか。でも、これは本当に実力なのか？」と不安になっているかもしれません。安心してください。投資をしている方ならば、誰でも一度はこのような不安に襲われます。

株式投資の世界では、実力と運の違いを見極めるのはとても難しいです。適当に投資をしていても儲かるときには儲かりますし、時間をかけても儲からないときには儲からないのが株式投資だからです。

そんな中、あなたは本書を手にとり、今これを読んでいます。それは、少なからず「今の自分」に満足できていないからなのでしょう。きっと、こんな悩みを抱えているはずです。

『本を読んでも、なかなかお金が増えない』
『利益は出ているけれども、自分の実力なのか、運なのかが分からない』
『ついつい考えなしに株を売買してしまう』

『自分の投資に、自信を持っていない』

これこそ、多くの投資家が頭を悩ませている最大の問題です。

本書**「株2年生の教科書」**は、あなたのそんな不安な気持ちを吹き飛ばし、かつ**「長期的に、安定した利益を出す投資家になる」**ために、あなたに必要なノウハウをまとめました。

今まであなたが学んできた投資テクニックは、「特定の時期にだけ稼げる（はず）」という、一過性のものでしかありません。あらゆる相場で利益を出すためには、この知識だけでは絶対的に不足しているのです。

小手先のテクニックを学んだところで、「じゃあ、どうしてその知識を使えば利益が出せるのか？」や、「どうやれば学んだことを利益につなげられるのか？」にまでは考えが至らないでしょう。だからこそ、悩んで、損をして、最悪の場合には破産してしまう投資家まで生まれてしまうのです。

投資を始めて、ある程度の経験を積んだ今。あなたに必要なのは**「経験を積むほど投資が上手くなるための考え方」**と**「あなたの知識を最大限に発揮できること」**。この2つなのです。このたった2つのことを、知るのと知らないのとでは、あなたの今後の資産には雲泥の差が生まれるでしょう。

あなたは才能で溢れています。ただ、「株で稼ぐ為の考え方」を知らないだけなのです。思い通りに利益をあげられない方は、ぜひ本書の内容を実践し、資産運用に役立てていただければ幸いです。

私から1つ、成功する投資家の共通点を1つご紹介しましょう。

それは、**「行動力」**です。

これは私の経験則なのですが、本書を読破した方の中でも、本書でお伝えするノウハウを実際に活用し、「行動に移す」という方は、読者の中のほんの1割にも満たないでしょう。つまり、9割の方は本を読んだという事実に満足するだけで終わってしまい、全く改善に結びつかないのです。それでは本書を読む意味が無くなってしまいます。

せっかく本書を読むために時間を割いているのですから、本書に書かれている投資法を実践し、今まで以上の成果を挙げて下さい。そのために必要な情報は、全て詰め込んだつもりです。

さあ、まずは本書の内容をきちんと理解しなければなりません。まず本書を読み切ること、それが株2年生としてのスタートであり、**「稼ぎ続けられる投資家」としての第一歩**となるでしょう。

中原良太

PART 1 準備編

Contents

PART 2 実践編

Contents

PART 4 応用編

Contents

PART 1 準備編

株1年生と
株2年生の違いとは？

利益を出すのに「頭の良さ」や「知識量」は関係ない

必要な知識は2つだけ

株で上手く利益を出すために必要なものは何だと思いますか？

経営学？　会計？　心理学？　時間？　……いいえ。これらは全て必要ありません。

頭の良さや知識量は、株で利益を出すには全くと言ってよいほど無関係です。極論を言うと、決算書が無くても、チャートが無くても、企業名を知らなくても、銘柄探しに1日5分しか時間が使えなくても、利益は出せるのです。

株のゴールは、「損益をプラスにする（＝利益を出す）」こと。そして、利益を出すために必要な知識は、たったの2つしかありません。それは、以下の2つです。

収益を増やす知識
＝収益を「出しやすい」株を見つけ出し、収益を「出しにくい」株を徹底的に避ける

損失を減らす知識
＝損失を「出しにくい」株を見つけ出し、損失を「出しやすい」株を徹底的に避ける

この2つさえ押さえれば、誰でも株で利益が出せます。結局、株式投資は、この2つの知識を「手に入れたら勝ち」という、とてもシンプルなゲームだと言えるでしょう。複雑な分析や計算、時間をかけた情報収集や学者並みの知識など、必要ありません。

「知識があるほど勝てる」というのは単なる思い込みです。利益を出せる投資家になりたいのなら、この2種類の知識にだけ注目して、必要な情報を見極められるようになりましょう。

利益を出すのに必要な２つの知識

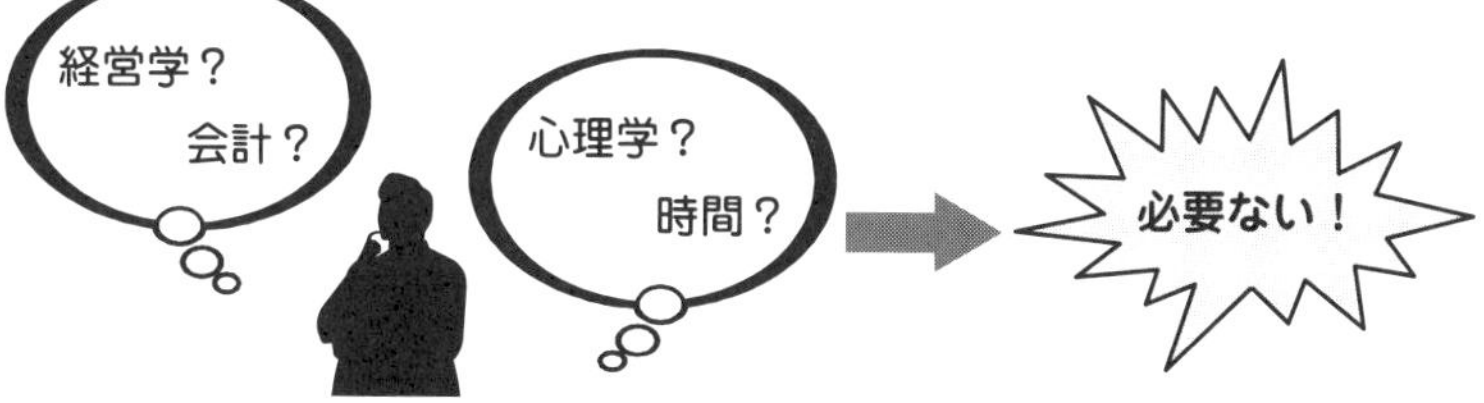

必要なのはたったの２つ！

収益を増やす知識

→ 収益を「出しやすい」株を見つけ出す

→ 収益を「出しにくい」株を徹底的に避ける

損失を減らす知識

→ 損失を「出しにくい」株を見つけ出す

→ 損失を「出しやすい」株を徹底的に避ける

POINT

利益を出すのに必要な知識は２つしかない

株１年生は、「どんな株を選べば利益が出せるか？」「どんな株を買うと危ないのか？」を見極める方法を中心に学習を進めています。株で利益を出すための知識は、「利益を増やす」「損失を減らす」のいずれかに該当します。どちらにも当てはまらないものは、それは知識ではなく、ただの「雑学」であるという点に注意しましょう。

株1年生と、株2年生の違いとは？

株1年生の現実

株1年生と株2年生の決定的な違いは、「きちんと稼げる投資法を持っているかどうか」と言ってよいでしょう。

株1年生の多くは、「利益を増やし、損を減らす」ためのテクニックを学びます。たとえば、「損を出しにくい」環境作り（手数料の安い証券口座の開設、リスク分散など）や、「利益を出しやすい」株の選び方（テクニカル分析、ファンダメンタル分析など）を中心に学ぶ方が多いでしょう。同じように、企業の分析の仕方や、ニュースの使い方を学んでいくわけです。

ですが、これらを学んだだけではまだ一人前の投資家とは言えません。なぜなら、知識を学んだだけで上手く実践できる投資家などいないからです。そして、「上手く利益が出せない」という投資家の大半が、株で稼ぐために必要な**「6つの要素」**をきちんと学んでいません。

あなたが本当に一人前の投資家になりたいのなら、株2年生からは、この「6つの要素」を全て理解し、相場に合わせて適切な投資ができるようにならなければなりません。

つまり、**「なぜ、いつ、どれを、どこから、いくら、どうやって」投資すれば利益につながるのかをまとめて、「投資すればするほど利益が出せる状況」を作る必要がある**のです。

本書でご紹介する「6つの要素」を正しく理解し、投資のウデに磨きをかければ、誰でも利益を出せるようになります。本書を参考にして、あなたも「利益の出せる」株2年生になって下さい。

株1～2年生が学ぶべき全ての要点

株2年生で学ぶこと
→ 利益を出すためのマニュアルを作成

「利益を出すため」に必要な全てのこと（=「6つの要素」）を理解する

相場に合わせて投資法を使い分ける

今までの経験を手帳にまとめ、「投資すればするほど利益が出せる」仕組みを作る

LEVEL UP!

株1年生で学ぶこと
→ 収益 − 損失 = 損益

・収益を出すための知識
→ 相場の状況（市況）の読み方
→ チャートの読み方（テクニカル分析）
→決算書の読み方（ファンダメンタル分析）

・損失を減らすための知識
→手数料の安い証券口座の開設
→ リスク管理（銘柄分散）の方法

POINT

1年生と2年生の決定的な違いとは？

株1年生とは異なり、株2年生は「株で勝つためのマニュアル」を持ちましょう。つまり、「なぜ、いつ、どれを、どこから、いくら、どうやって」投資すれば利益につながるのかをマニュアルにまとめることで、「投資すればするほど利益が出せる」投資家になれるのです。

2年生なら知っておくべき「4W2H」とは

「4W2H」がわかれば誰でも勝てる投資家に

投資家たちにできることは本当に限られています。

株式投資において、自分がコントロールできるもののことを、我々は内的要因と呼びます。そして、私たち投資家がコントロールできることは、たったの6つの要素「4W2H」に集約されます。

これら以外の全てのことは、自分ではコントロールできないこと（外的要因）だと言えるでしょう。外的要因に頼った投資は「他人がハンドルを握った車」に乗っているのと同じです。行き先を決めることはおろか、アクセルもブレーキも踏めないため、全てを運任せにした状態になってしまうのです。

常に利益を出せる投資家になるためには、自分がコントロールできることに全神経を集中する必要があります。そして、「相場がどう変化しても」対応できるように、安全運転しなければいけません。

自分の実力で利益を出すためには、これら6つの要素「4W2H」を巧みに操り、状況に適した投資法を駆使する必要があります。そして、一人前の投資家になるための一番の近道は、6つの要素「4W2H」をしっかりと理解することなのです。

まずは「4W2H」の全体像を大まかに掴むために、左ページにあるピラミッド状の図をご覧下さい。

この6つの要素を十分に理解し、「利益を出す投資法」「損失を出さない投資法」を学ぶことで、あなたはどんな状況下でも利益を出せる株2年生として、周囲よりもはるかに優れた投資家になれるでしょう。

以降では、この6つの要素について詳しく確認していきます。

株2年生が知るべき「4W2H」とは

自分でコントロールできる「4W2H」（内的要因）のピラミッド

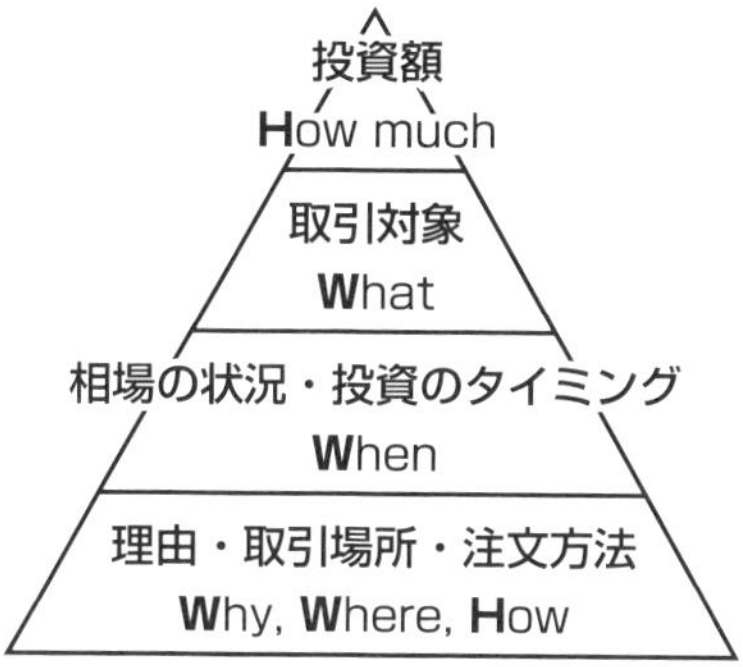

自分でコントロールできない「外的要因」

4つのWと2つのH

What…どの株を買うのか
When…いつ株を買うのか
Where…どこで株を買うのか
Why…なぜ株を買うのか
How…どうやって株を買うのか
How much…いくら株を買うのか

気にしても無意味なもの

・相場全体がどう動きそうか？
・明日の株価はどう動くか？
・海外の相場はどう動くか？

→自分にコントロールできない予測不可能なことは判断材料として無意味

POINT

相場はコントロールできない

投資家にできることは、実はほんの少ししかありません。それは「なぜ、どこで、どうやって、いつ、どの株を、いくら」投資すべきかという６つの点（４Ｗ２Ｈ）に集約されます。私たちには相場の制御はできませんし、未来予知もできません。したがって、自分の制御下にある６つの要素をいかに上手くコントロールできるかに投資家生命の全てがかかっているのです。

Why
なぜ、株を買えば利益を出せるのか

なぜ、収益が出せる／損失が出ないのか？

運に頼らず実力で利益を出すためには、確固たる根拠を持たなければなりません。株を売買する理由が明確でないと、継続的に利益を出すのは困難です。たとえ利益を出せても「利益を出せた理由」「損失が小さく済んだ理由」が明確でないと、「稼ぐために何をすればよいのか、損しないために何をすればよいのか」がいつまで経っても分かりません。これでは、ギャンブルと何ら変わりません。

突き詰めると、株を買うべき理由は2つしかありません。

・高い確率で収益につながる。
（例：過剰に売り込まれている、極度に割安である、将来の成長見込みが著しく高い）

・損失を小さくとどめられる。
（例：企業規模が大きい、商いが活発）

この2点を加味して、「利益が大きく、損の小さい」株を買うのが株式投資です。ここで大切なのが、「自分本位に考えてはいけない」という点です。たとえあなたが魅力的だと思った株でも、他の投資家から見て魅力的でなければ、株価はズルズルと下がってしまいます。着実に利益を出したいのなら、自分本位な考えは捨てて、「周りの投資家はどうしてこの株を買うのか？」「周りの投資家はどうしてこの株を売らないのか？」を徹底的に吟味しましょう。

参考までに、左ページに、「株を買うべき理由」を明らかにするための6つの質問リストを用意しています。もし、あなたがこれらの質問に明確に答えられないのならば、株を買うべきではありません。6つの質問に答え、利益につながる株だけに投資する習慣を身につけましょう。

株を買うべき理由を明らかにしよう

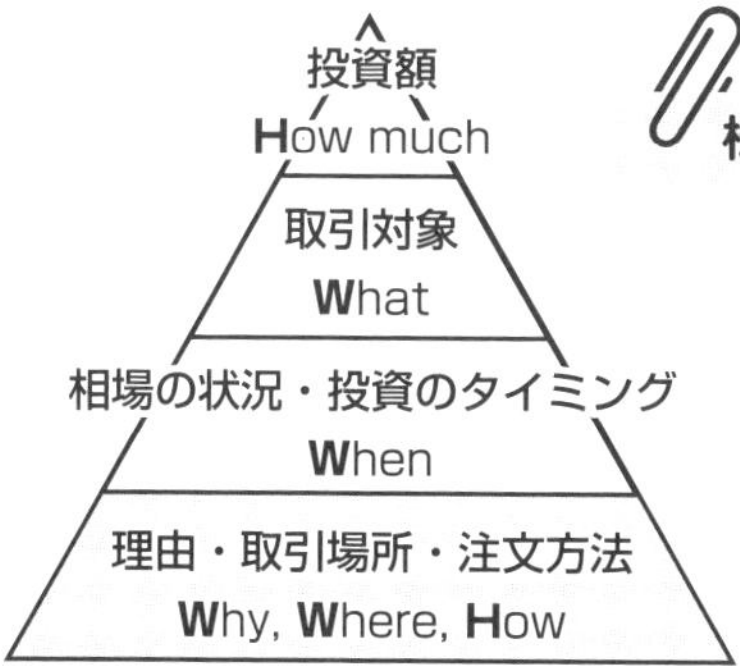

株を買うべき理由は2つしかない

- 高い確率で収益につながる
  （＝トクする理由）
- 損失を小さくとどめられる
  （＝損しない理由）

株を買うべき理由を明らかにするための6つの質問リスト

	それぞれの理由が本当に正しいのかを確かめる
	次の質問で答える内容が本当に正しいのか、過去のケースを参照して、あなたの考えた理由に十分な正当性・妥当性が改めて確認できたらチェックを入れましょう。
☑	**利益を出しやすい理由 → 配当・優待益を得られるのは何故か？**
☐	配当や優待を高確率で受け渡す会社の特徴はなんですか？
☐	その特徴に当てはまると、配当や優待を確実に受け取れますか？
☑	**収益を出しやすい理由 → 売買差益を得られるのは何故か？**
☐	近い将来に、多くの投資家が買いたくなる株の特徴はなんですか？
☐	その特徴に当てはまると、株が買われやすくなる理由はなんですか？
☑	**損失を出しにくい理由 → 売買差益が小さいのは何故か？**
☐	近い将来に、多くの投資家が売りたくなる株の特徴はなんですか？
☐	その特徴に当てはまると株が売られやすくなる理由はなんですか？

POINT

利益につながらない株は買うな！

「利益につながらない株は、買うな」。言われてみれば当然なことですが、これを忘れる投資家はとても多いです。特に、株2年生のように、投資に慣れてきた方は、意味も無く株を売買してしまうクセがつきやすいです。これはとても危険です。上記の6つの質問リストに答えることで、利益を出せない株を買わずに済みます。株を買う前には、必ず確認しましょう。

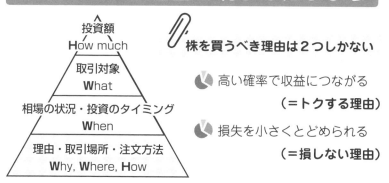

Where
どこで株を買うのか

最もおトクな証券会社を選ぼう

最もおトクな証券会社を使うことで、「利益を増やして」「損失を減らす」ことができます。何故なら、証券会社によって取引できる銘柄や手数料が全然違うからです。特に、売買手数料は、あなたの利益を大きく左右します。

証券口座は、開設が無料なうえ維持費もかかりませんから、できるだけ多くの口座を開いておき、時と場合に応じて最もおトクな口座を使うのがよいでしょう。証券会社を選ぶときには、次の2点を確認しておくとよいでしょう。

- **収益につながりやすい証券口座**
  (例：取引されている銘柄の種類が豊富、魅力的なIPOを受け取りやすい)
- **損失を小さくとどめられる証券口座**
  (例：売買手数料が安い、スリッページが小さい)

最もおトクな証券口座を使うことで、あなたの得られる利益は数十万円〜数百万円も変わってきます。逆に、間違えた証券口座を選ぶと、せっかくのチャンスを棒に振ってしまったり、支払わなくてもよいコストを支払ったりしてしまいます。口座選びは慎重に行うべきだと言えるでしょう。

なお、証券口座を1つに絞る必要はありません。その証拠に、上級者の投資家ほど複数の口座を使い分ける傾向があります。なぜなら、万能な証券口座が存在していないからです。どの口座にも長所・短所があり、活用方法は異なります。ですので、**利益を最大化してコストを最小化するためには、状況に合った証券口座をいくつか使い分けるのが大切です。**

最適な証券口座は変わる！

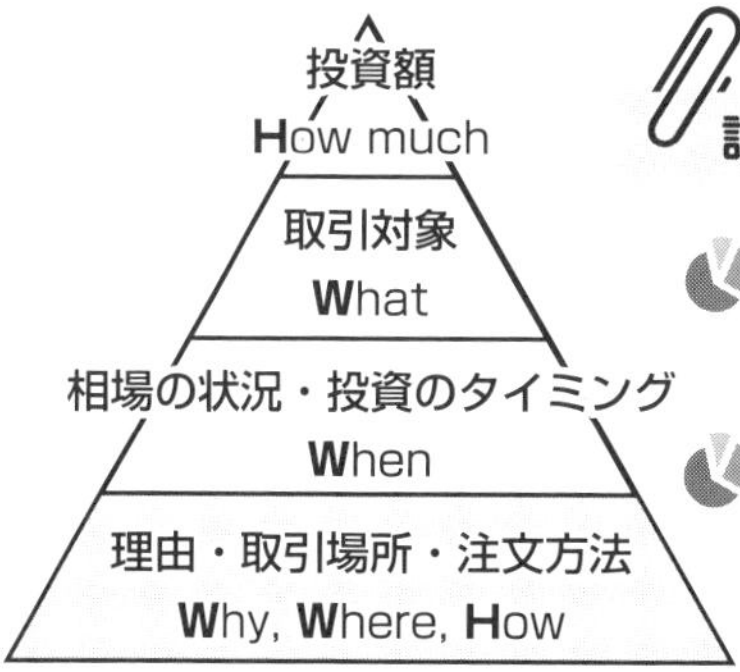

証券会社選びの２つのポイント

- **収益を出すための選択肢が広い**
  （取引できる銘柄数など）
- **必要なコストが低い**
  （売買手数料、スリッページなど）

証券口座の使い分け方

長期保有に適した証券口座の特徴
POINT! **取引回数が少ないため、手数料の影響が小さい**
売買差益にかかる税負担が軽減できる（NISA 口座）
取引できる銘柄の種類が豊富
株の保有にかかる料金が安い（※信用取引を使う場合）
短期保有に適した証券口座の特徴
POINT! **取引回数が多いため、手数料の影響が大きい**
売買手数料が安い
スリッページが小さい（※逆指値注文を使う場合）
新規公開株（IPO）への投資に適した証券口座の特徴
POINT! **IPO の主幹事となる証券会社ほど銘柄を受け取りやすい**
株式公開のときに主幹事になることが多い

POINT

証券口座を使い分けろ！

証券口座は、利益を生み出すための「基地」です。口座選びを誤れば、チャンスを見逃し、不要なコストを支払うことにつながります。ですが、万能な証券口座は存在していません。よって、常に最高の条件で投資するためには、複数の証券口座を持っておいて、状況に応じて使い分ける必要があるのです。

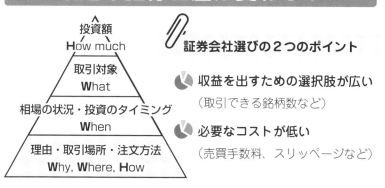

How どうやって株を買うのか

1円でも有利なものを

最適な取引方法を選ぶことで、有利な価格で株を買えるだけでなく、低コストで取引できます。ひとことで「株を買う」と言っても、株を買うための手段はよりどりみどり。最適な取引方法を使いこなせるようになるだけで、あなたの収益を増やし、損失を小さくとどめられます。

取引方法を選ぶときに確認しておきたいのは、次の2点です。

ポイント1：レバレッジの有無

現物取引：売買手数料は高めですが、株を保有していても追加コストがかかりません。また、信用取引とは違いお金を借りないため、リスクが小さいという利点があります。

信用取引：売買手数料は安めですが、株を保有するほど追加コストがかかります。現物取引と異なりお金を借りて取引できるため、リスクが大きい一方、多くの株を買えるという利点があります。

ポイント2：注文方法

指値注文：「安くなったら買う」「高くなったら売る」という注文方法。有利な価格で取引できるため、利益確定するのに便利。

逆指値注文：「高くなったら買う」「安くなったら売る」という注文方法。不利な価格になったときだけ取引できるため、損切りするのに便利。

それぞれのポイントをまとめると、左ページのようになります。

目的や投資スタイルに応じて取引方法を使い分けることで、収益を増やして損失を減らすことができます。1つ1つの取引で得られるものは小さいかもしれませんが、何度も取引を繰り返していくうちに、この差は大きくなります。**1円でも有利な取引方法があれば、有利なものを選ぶようにしましょう。**

取引方法を選ぶ際の２つのポイント

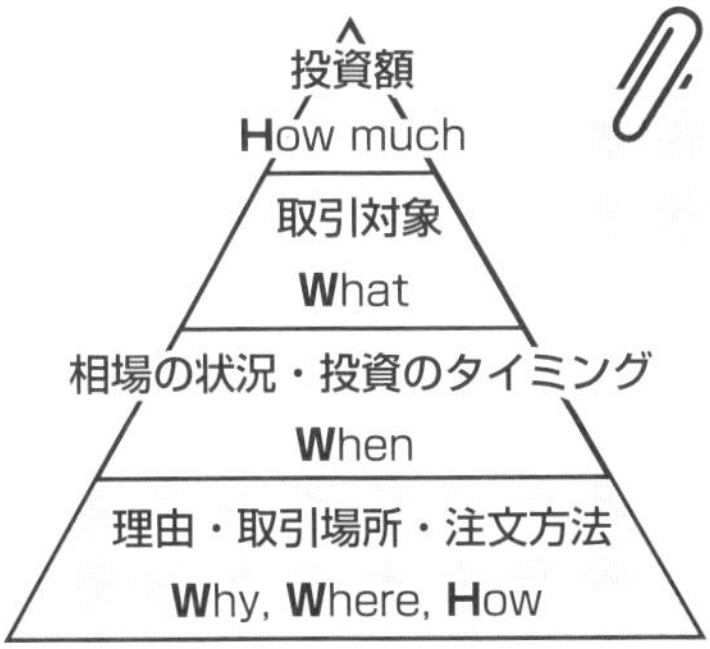

取引方法を選ぶ際に確認しておきたい２つのポイント

- **レバレッジ**（現物取引と信用取引でリスクは変わる）
- **注文方式**（指値注文と逆指値注文）

POINT!
レバレッジ

低 → レバレッジ → 高

現物取引
- 売買手数料が高め
- 貸株料なし→長期保有ほど有利
- リスクが小さい

ハイリスクな株でも安心して取引できる！

信用取引
- 売買手数料が安め
- 貸株料あり→短期保有ほど有利
- リスクが大きい

低リスクな株をたくさん買いたいときに使える！

POINT!
注文方式

現在の価格

逆指値注文
「高くなったら買う」「安くなったら売る」という注文方法。不利に動いたときに取引できるため、損切りするのに便利。

指値注文
「安くなったら買う」「高くなったら売る」という注文方法。有利に動いたときに取引できるため、利益確定するのに便利。

POINT
コストを徹底的にカットしよう

株の注文方式を使い分けて、売買手数料や約定価格をできるかぎり「安く」済ませましょう。１度の投資では数百円〜数千円ほどの差ですが、１年、１０年と経つと、この差はバカにできません。最適な取引方法を選ぶことで、有利な価格で株を売買できるだけでなく、低コストで取引できるようになります。これからは、以上の２点を意識してみては？

When いつ株を買うのか

タイミングこそ投資の命？

成功している投資家ほど、タイミングの見極めがバツグンです。なぜなら、**株を買うタイミングは早くても遅くても収益につながらない**からです。株初心者の方が利益を出せない主な理由として「タイミングが悪い」というのが挙げられるでしょう。

適切なタイミングを見極めるためには、左ページにまとめてある2つのポイントを確認する必要があります。これらの2点を確認することで、どんなに銘柄選びが下手な方でも利益を出せる投資家に化けることができます。たとえば、決算発表直後や権利確定直後には株価が乱高下するリスクがあるため、その直前には安易に投資すべきではありません。不適切なタイミングと言えるでしょう。逆に、決算が確定してから暫くすると、相場に落ち着きが出てくるため、低リスクで投資ができると期待できます。

他にも、相場の状況によって「割安株」の収益の出しやすさや「成長株」の収益の出しやすさなどは変わってきます。よって、相場の状況によって買うべき株の種類やタイミングが異なるのです。

時期によって適切な投資法は違いますし、注目される株も変わります。投資初心者は「自分の投資法が万能」だと勘違いしがちです。ですが、それは間違いです。ですから、状況に合わない投資を繰り返していると、安定的に利益を得られる可能性は低いでしょう。したがって、**安定的に利益を出すためには、相場の状況に応じて投資法を切り替えて、利益につながりやすい株を買うべき**なのです。これができれば、あなたも一人前の投資家として、どんなときも利益を出せるようになるでしょう。

時期や相場の状況を確認しよう

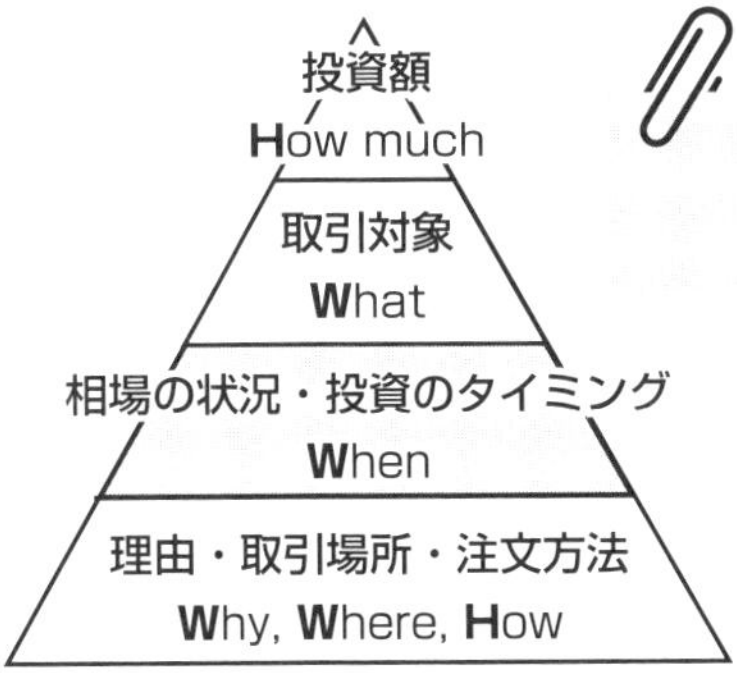

投資のタイミングを見極める2つのポイント

- 今が「投資に適した時期」なのかを確認する
- 相場全体の状況に合わせて適切な投資法を選ぶ

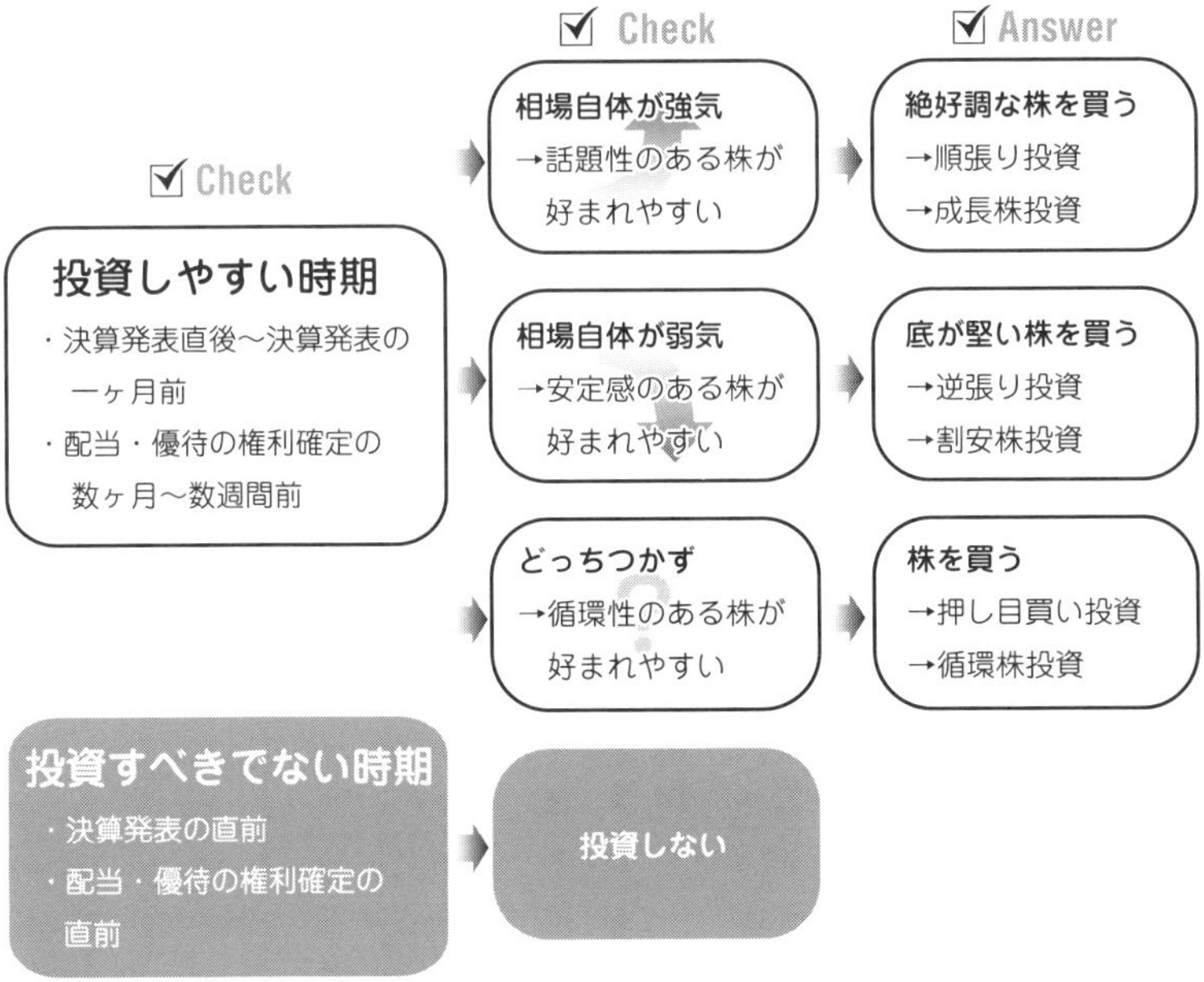

POINT

投資すべきではない時期を知っておく大切さ

どんな投資法にも短所があります。万能な投資法はありませんから、「どんなときには投資すべきでないのか?」を知っておくのが大切です。これを知らないと、収益の出ない株を買ってしまったり、不用意に損してしまったりする危険があります。今の状況を事前に確認し、今この瞬間に「利益を出しやすい株」と「利益を出しにくい株」の両方を知っておきましょう。

What どの株を売買するのか

投資法ごとの「優先順位付け」が大切

投資をするときには「自分がどのような投資法（作戦）で株を買うのか」「この作戦では、どんな株を効果的に選べば稼げるのか」を真剣に考える必要があります。

What（どの株を売買するのか？）では、あなたの持っている証券口座や、今の相場の状況を知った上で、最も利益の上げやすい銘柄を探す方法を考えていきます。そして、もっとも確度の高い、「利益の見込める銘柄」から順に、資金を割り充てていくのです。

ここで大切なのは、「**どんな銘柄から優先的に売買するのか？**」を明確にすることです。なぜなら、あなたの資金には限りがあるからです。1つの銘柄に資金を割り充てるというのは、言い換えれば「その他すべての株には資金を割り充てない」という決断をしているのと同じことです。あなたの限りあるお金を、魅力に乏しい銘柄に投入している場合ではないのは、あなたが一番分かっていることでしょう。だからこそ、あなたの資産を効率よく運用して利益を伸ばすために、「最高の銘柄」に集中的に資金を投入する必要があるのです。たとえば、成長株投資をしている方なら、ＲＯＥやＲＯＡといった成長性を示した指標や、業績修正の見込みを確かめるのがよいでしょう。一方、割安株への投資を考えている方なら、ＰＥＲやＰＢＲといった、「割安感」を示す指標を使って、投資を進めていくはずです。

このように、投資法によって魅力的な株の特徴は大きく変わります。作戦しだいで買うべき株の特徴が違うため、あなたが今どのような投資法で、どんな株を狙っているのかを明らかにしておくことが大切です。

投資法によって魅力的な株は違う！

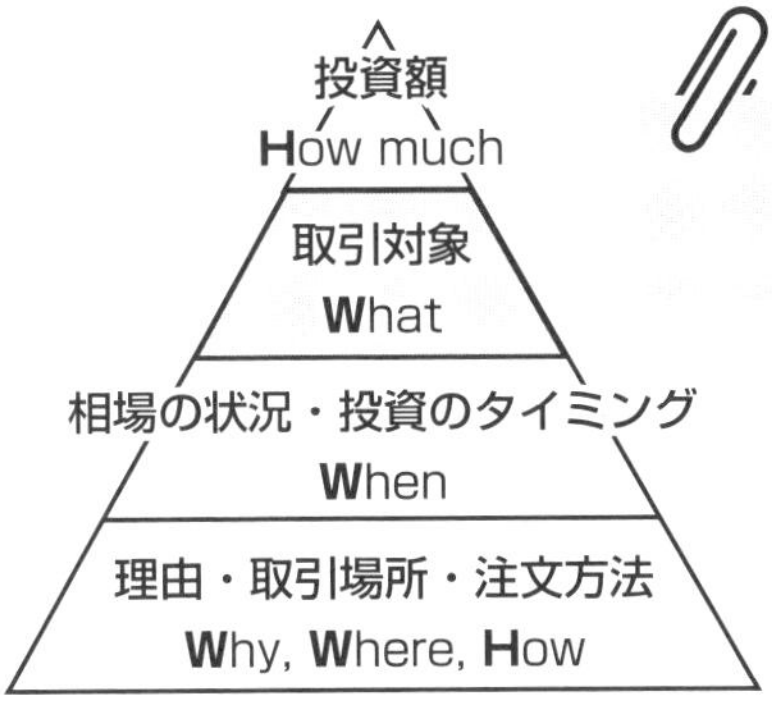

株を選ぶときの2つのポイント

- 自分がやろうとしている投資法を明確にする
- 魅力度を分かつ「最重要指標」を決める

タイミング	適切な投資法	株を買うときの最重要指標
相場自体が強気 → 話題性のある株が好まれやすい	順張り投資	高値の更新
	成長株投資	ペグレシオ・ROE など
相場自体が弱気 → 安定感のある株が好まれやすい	逆張り投資	値下がり率など
	割安株投資	PER、企業価値など
相場全体がどっちつかず → 循環性のある株が好まれやすい	押し目買い投資	サポートライン、トレンド
	循環株投資	株主優待などのイベント

POINT

常に最高の銘柄を見つけ出すための方程式

投資できる株の数・種類には限界があります。１つの株を買うという判断は、「他の全ての株を買わない」という判断と同じなのです。したがって、株を買うときには「１番」の株に投資するのが大切。そして、自分の投資法でも、魅力的な株の優劣を分かつ、「最重要指標」を明確にしておくのが大切です。

How much いくら分、株を売買するのか

株は「少なく」買え！

　忘れられがちなのが、**How much（いくら分、株を売買するのか？）**という点です。残念ながら、このポイントをあいまいにしてしまうと、どんなに利益を出せても、最終的には全ての利益を吹き飛ばしてしまうことになるでしょう。

　よくある株の失敗として、「株を買い過ぎてしまう」というものがあります。これは、オーバーリスクとも呼ばれています。

　なぜ、株を買いすぎるのが問題なのかと言うと、「たった1度の損」で、今までの利益を全て吹き飛ばしてしまうほどの危険を犯しているからなのです。

　How muchをきちんと考えることで、あなたが今までに稼いだ利益を守る方法があきらかになります。

　ここでもあなたは、複雑なことをする必要はまったくありません。あなたが守るべきなのは、**「1銘柄に投入する資金に、上限をつける」**という、たった1つのシンプルなルールです。

　理想的には、1銘柄に投入する資金は、あなたの全財産のうち10%以内にまでおさえておくのがよいでしょう。そうすることで、あなたはたった1銘柄の失敗で大金を吹き飛ばすという失敗をしなくなります。

　どんなに素晴らしい投資家でも、ミスは犯すものです。かの有名なウォーレン・バフェットですら、「これは確実にイケる！」と思った企業の株を、幾度となく手放してきたのです。株をはじめたばかりの方は、おそらく彼の投資スタイルよりも精度の低い投資をしていることでしょう。ですから、なおさらリスク管理は重要なのです。

いくらまでなら「安全」？

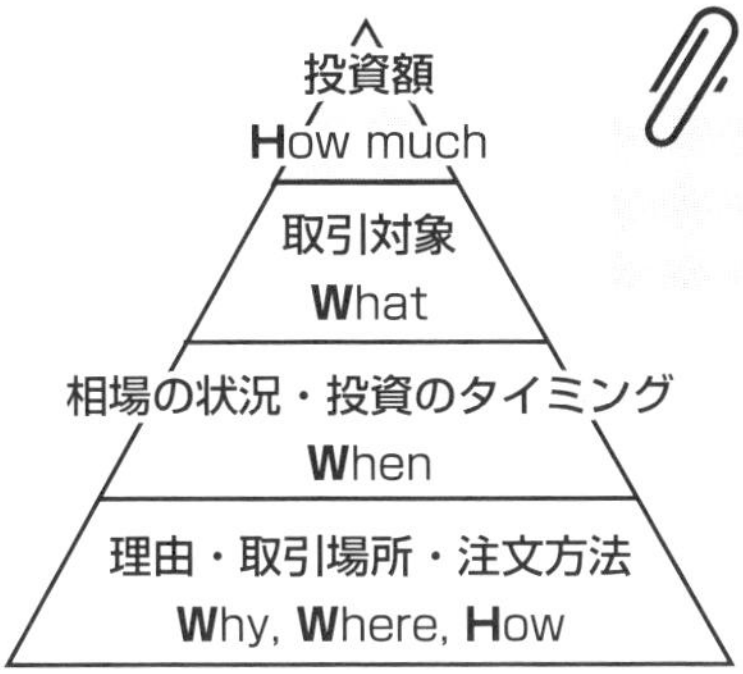

株数を決めるときの2つのポイント

- 「大負けしても心が折れない」額にとどめる
- 会社の規模によって株数を変える

例：100万円

総資金はいくらか？

例：-10万円まで

1回の損失は最大でいくらまで耐えられる？

高リスクな小型株の場合 → その金額よりも大きな資金を投資しない

低リスクな大型株の場合 → その金額の3倍以上は投資しない

POINT 破産した投資家は「株を買い過ぎて」いた

お金を10倍に増やすのには、何十年もかかります。ですが、吹き飛ばすのにかかる時間は、たったの数秒です。安全に投資を続けるためには、この「たったの数秒」を1度足りとも犯してはいけません。どんな投資家も、「自分が買ってもよい株の数」を知らなければ、最後に待ち受けているのは、破産しかありえないのです。

6つのシンプルなポイントを磨き続けよう！

4W2Hに集中する

私たち投資家にできることは、これらの「4W2H」を可能な限り、最高の状態にまで高めていくことです。

そして、適切な理由で、適切な場所から、適切な方法で、適切なタイミングを見極め、適切な株を、適切な価格で、適切な数を、売買するというのが私たちの最終目標です。

株で稼げるようになるには、これまでにご紹介した6つのシンプルなポイントを、ひたすら磨き続ける必要があります。そして、これらの6つを磨き続けるだけで、あなたは億万長者になれるでしょう。

これらの6つのポイントを押さえた投資ノウハウを蓄積し、反復しながら資産を運用するだけで、あなたは多くの富を手に入れ、数多くの危険を回避できるようになるはずです。

逆に、これ以外のことをどんなに頑張っても、利益を出せるようにはなれません。なぜなら、これらの「4W2H」だけが、あなたにコントロールできる全てであり、それ以外のものはコントロールできないからです。

もし、あなたがこのポイントを無視して株を買えば、たちまち損が膨らみ、何の利益も得られなくなってしまいます。繰り返しになりますが、「4W2H」以外は、あなたには何もコントロールできないのです。

「4W2H」を無視した投資は、ギャンブルと同じです。もはやこれは神頼みであり、あなたの実力とは全く関係がありません。

4W2Hを磨き続けよう!

自分でコントロールできる「4W2H」(内的要因)のピラミッド

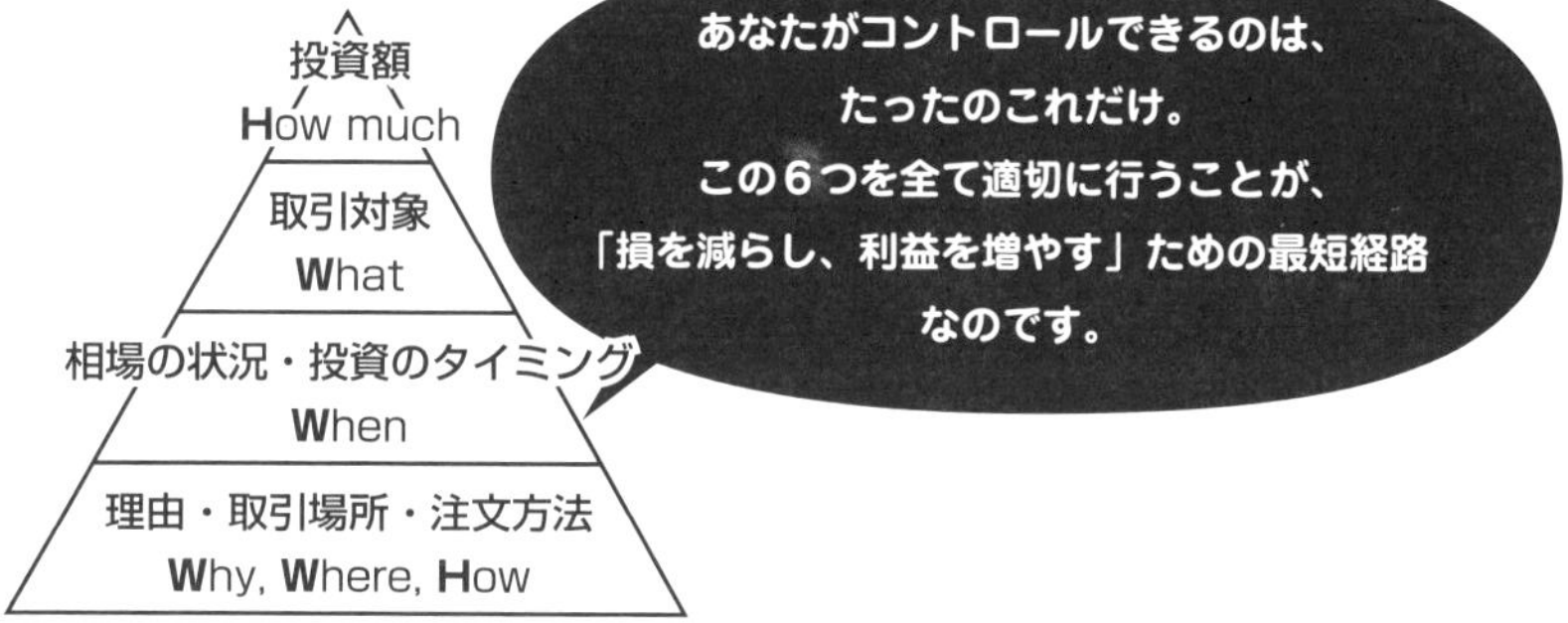
投資額
How much
取引対象
What
相場の状況・投資のタイミング
When
理由・取引場所・注文方法
Why, Where, How
あなたがコントロールできるのは、
たったのこれだけ。
この6つを全て適切に行うことが、
「損を減らし、利益を増やす」ための最短経路
なのです。

4W2Hを無視すると…

あなたは、自らで自分の命綱を全て手放したことになってしまいます。4W2Hを無視した株式投資は、言わばハンドルの壊れた自動車で「アクセルを全開にする」のと全く同じです。もし収益が出ても、それは決して実力ではなく、たまたま運が良かっただけ。つまり、ギャンブルをしているのと全く変わらないのです。

POINT

「4W 2H」でスキルアップ!

自分で制御できるものを無視しているうちは、安定した利益を出すことはできず、全てが運頼みです。今まで「この株は80%の確率で勝てる」や「この株は80%の確率で負ける」といったことを意識をしてこなかった方は、全員が4W 2Hを軽視していると言っても過言ではありません。自分の投資法の正当性も分からぬまま、ただがむしゃらに、根拠もなくギャンブルをしているのと同じなのです。

投資ノートをつければ、投資をするほど稼げるようになる！

唯一のパートナー、投資ノート

過去の投資を振り返るときには、「4W2H」の6つのポイントを確認し、自分の取引が本当に適切なものだったのかを確認しましょう。

このように、**投資ノートを振り返って「反省」する習慣を身につけることで、着実にあなたの投資スキルは向上し、みるみるうちに利益を出せる投資家へと成長できる**はずです。

失敗の原因が分かればあとは修正するだけです。こうやって少しずつ

売買技術を向上させましょう。心機一転して、これから株式投資を再スタートしたいとお考えの方は、ぜひ投資ノートをつけてください。

どんなに株を売買しても、どんなに知識を蓄えても、「自分の投資法で、本当に利益が出せるのか？」をきちんと確認しておかないと安定した利益にはつながりません。

過去の失敗からきちんと軌道修正できない投資家は、ジワジワと資産を食いつぶし、最終的には相場から退場しなければならなくなってしまいます。記録をつけることで、自分の考える「上がりそうな株」が本当に上がったのかどうかを確認できるようになります。そして、取引を振り返ることで、「どうすれば、あのときにもっと大きな利益を出せたのか？」「どうすれば、あのときの損をもっと小さくとどめられたのか？」という改善点が明らかになってくるでしょう。

さあ、今すぐ投資ノートを準備してください！ そのノートは、これからのあなたの投資ライフの中でも、最も強力なパートナーです。

ノートを片手に、これからの素晴らしい投資ライフの再スタートを切っていきましょう！

投資ノートで稼げる投資家になろう

自分の購入した銘柄のタイプ、カテゴリをざっくりと記録しておき、「自分が得意な株のタイプ」や「自分がニガテな株のタイプ」をハッキリとさせる。

短期・中期・長期のトレンドや株を買う直前の値動き・出来高が、損益にどのように関係しているのかを確認できるようにしておく。

株を買った理由や、利益が出るまでに必要な期間をはっきりさせる。利益につながりやすい投資や、損失ばかり出てしまう投資の「きっかけ」を明確にする。

自分自身を採点し、利益につながった投資法だけを繰り返す。

銘柄名		
コード		
市場		
業種		
エントリー日		
前日比	プラス・マイナス	
直近のローソク足	陽線・陰線	
ローソク足の位置	75MA の	上・下
	25MA の	上・下
	5MA の	上・下
出来高	増加・減少	
イグジット日		
損益額		
保有日数	日	
メモ（投資の動機 考えた、意図）		
自己採点（5段階評価）	1（悪い）～5（良い）	
自己採点の理由		

POINT

投資ノートは間違いを教えてくれる唯一の先生

投資の世界では、あなたに「ここが間違ってますよ」と言ってくれる人は誰もいません。投資記録をつけさえすれば、あなたは自分自身で成功・失敗の原因に気づくことができます。つまり、投資記録をつけなければ、あなたは株で稼ぐ方法が一生分からないままになってしまいます。記録をつけないということは、あなたが「一生稼げないままでよい」と言っているのと全く変わらないのです。

column

２つの知識と４Ｗ２Ｈだけは忘れないで。

決算書も、チャートも必要ありません。**稼ぐために必要なのは、「利益を増やす知識」と「損失を減らす知識」だけ**です（P14参照）。極論を言えば、「テレビCMの回数が増えた会社は株価が上がる」みたいな考え方だって、立派なテクニックなわけです。つまらないところにばかり注意を逸らされてしまっては、稼げるものも稼げなくなってしまいます。稼ぐために必要な知識は、２つしかありません。「利益を増やす知識」「損失を減らす知識」この２つが分かれば、誰でも稼げるようになれます。そして、**「4W2H」を適切に実践すれば、誰でも億万長者になれる**のです。ですから、つまらない本やテクニックに惑わされないで下さい。変に難しく考えようとすると、投資はどんどん難しくなってしまいます。もし、難しく考えすぎて迷ってしまったときには、稼ぐために必要な「２つの知識」と「4W2H」を思い出してください。それだけでも、ミスが劇的に減ると思いますよ。

PART 2 実践編

株2年生が知っておきたい「勝てる株」の見つけ方

「勝てる株」を見つけるために知っておきたい6つの投資法とは？

投資法を使い分けろ！

投資ノートの準備はできましたか？

きちんと準備している方は、素晴らしいですね。ぜひ、これから紹介する投資法を研究する上で、そのノートをフル活用してください！

もし準備ができていないのならば、冒頭でお話ししたあの言葉を思い出して下さい。

「本書でお伝えするノウハウを実際に活用し、行動に移すということは、読者の中のほんの1割にも満たないでしょう」

あなたは成功に不可欠な投資ノートと、別れを告げようとしています。たとえるなら、「今まで自分のことを助けてくれた人生のパートナーに別れを告げようとしている」のと同じ位、危険です。投資ノートをとらないくらいなら、今すぐ株をやめるべきです。

投資ノートはあなたの最強の味方であり、これからの投資ライフを共に歩み続けるパートナーです。片時も手放さず、投資ノートのサポートを受けながら、賢い投資をするようにしてください。

さて、ここからはあなたに、これからの投資に役立つ考え方や、具体的な株の探し方を紹介します。これから紹介するのは、その時の相場の状況によって使い分ける6つの投資法と、その投資法に最適な銘柄選びです。

もちろん、これらの投資法は万能なものではありませんから、適した「4W2H」のもとで使ってくださいね。適切な「4W2H」の下で6つの投資法を組み合わせて使うことで、あなたは状況に合わせて常に利益を出せる投資家へと成長できるでしょう。

状況に応じて好まれる銘柄は違う！

上昇相場 ⟷ ボックス相場 ⟷ 下落相場

相場全体が強気
→ 話題性のある株が好まれやすい
↓
絶好調な株を買う
→ 順張り投資
→ 成長株投資

相場全体がどっちつかず
→ 循環性のある株が好まれやすい
↓
循環性のある株を買う
→ 押し目買い投資
→ 循環株投資

相場全体が弱気
→ 安定性のある株が好まれやすい
↓
底が堅い株を買う
→ 逆張り投資
→ 割安株投資

POINT

相場の状況を見極めろ！

全ての投資法には長所と短所があるため、利益を出しやすい時期や出しにくい時期があります。よって、どんな状況でも効果的に利益を出せる投資家になるためには、相場の状況に応じて投資法を使い分けなければなりません。１つの投資法だけでは安定したパフォーマンスは出せませんが、６つの投資法を組み合わせることで、いつでも利益を出せるようになります。

上昇相場で利益を出す投資法【順張り・成長株投資】

絶好調な株を狙え！

世に出回っている本では、「割高な株を買うな！」というノウハウが出回っていますが、上昇相場ではいわゆる割高な株も多く、そんな相場の中で「割高な株を買わない」教えを守っていては、あなたの投資の選択肢が狭まってしまいます。

しかし実は、割高な株を買っても利益を出す方法があります。それが、ここからの項目です。

日本市場全体が上昇しているときには、投資家たちが強気になり、リスクを負ってでも大きなリターンを得たいという風潮が強まってきます。

この投資家たちが**「ハイリスク・ハイリターン」を求める流れを、「リスク・オン」**と呼びます。上昇相場では、投資家達が今までに手に入れた利益を使い、もっと大きな利益を出すために大きなリスクをとりはじめていると考えられます。

このように上昇相場では、どんなにハイリスクな株でも、「利益が見込める」ものには資金が集中する傾向があるため、正しい銘柄へ正しい投資法を行えば、大きな利益が得られると期待できます。

リスク・オン。つまり、投資家たちが強気なときは、順張りで成長株投資を行う事で、利益が出せるようになります。

では、具体的に**上昇相場では「なぜ」順張り・成長株投資で利益が見込める**のか、どのようにすれば順張り投資でうまく利益を出し、その投資先となる成長株を見つけることができるのかについて、これから紹介していきましょう。

キーワードは「順張り」と「成長株」

リスク・オン

「リスクをとってでも高い利回りを目指す」
という投資家が多数派

相場全体が強気
→ 話題性のある株が好まれやすい

絶好調な株を買う
→ 順張り投資
→ 成長株投資

上昇相場

上昇相場の特徴 → 投資家たちは強気一辺倒

投資家たちの頭の中
…リスクをとらないことの方が損だと思う
…上がってしまう前に株を買いたい
…上がっているうちは株を持ち続けたい

好まれる株
…上昇まっただ中にあるテーマ株や、決算が好調な成長株など
…相場全体の上昇により、「割安株」の数が少なくなっている
…上値の軽い上昇中の株や、将来的に割安感が増す高成長株がねらい目

POINT

上昇相場に乗り遅れないために…

上昇相場に乗り遅れないためには、上昇相場でも効果的な投資法を知っておく必要があります。上昇相場では投資家全体が強気で、「株を買わないこと」が損だと思っているため、業績が好調な株や、テーマ性が豊かな株、そして、上値が軽くなっている株に資金が集まりやすい傾向があります。次ページ以降、これらの銘柄に投資する方法をご紹介しましょう。

順張り投資で利益を出す方法

「利大損小」の基本

「株価が上がっている人気株を買い、更なる上昇を狙う」

これこそ、順張り投資の考え方です。この投資法はプロの投資家に好まれる傾向があり、**市場の「トレンド」や「流行」に乗って、効率的に利益を出す**のが目的です。

この投資法は、相場全体が上昇傾向なときに真価を発揮します。

この順張り投資法は、プロには非常に好まれる一方で、個人投資家にはあまり好まれないという傾向もあります。これはおそらく、「高すぎる株を買うのが怖い」という恐怖によるものなのでしょう。

ですが、私はこの投資法は初心者の方にこそマスターしていただきたいと思っています。

順張り投資で対象となるのは、比較的割高と言われている、「人気株」であることが多いでしょう。

「割高な人気株に投資」と聞くと順張り投資がギャンブル染みた危険なものに聞こえてくるかもしれませんが、「上昇中」の株を買っているときには、割安な株を買っているときにありがちな、「安い株を買っているから大丈夫」という根拠のない慢心からのミスにつながることはなかなかありません。

なぜなら、順張り投資は「上昇している株が、上昇しているかぎり持ち続ける」という投資法なので、少しでも株価が下がれば取り返しのつかないミスになる前に手を引くことができるのです。

及び腰で株を買っていますから、撤退するのもスムーズです。**「利益を大きく、損を小さく」**という投資を無意識のうちに実践できるため、正しい姿勢を身につけるためにも、順張り投資は恰好の教材なのです。

順張り投資をするときの2つのコツ

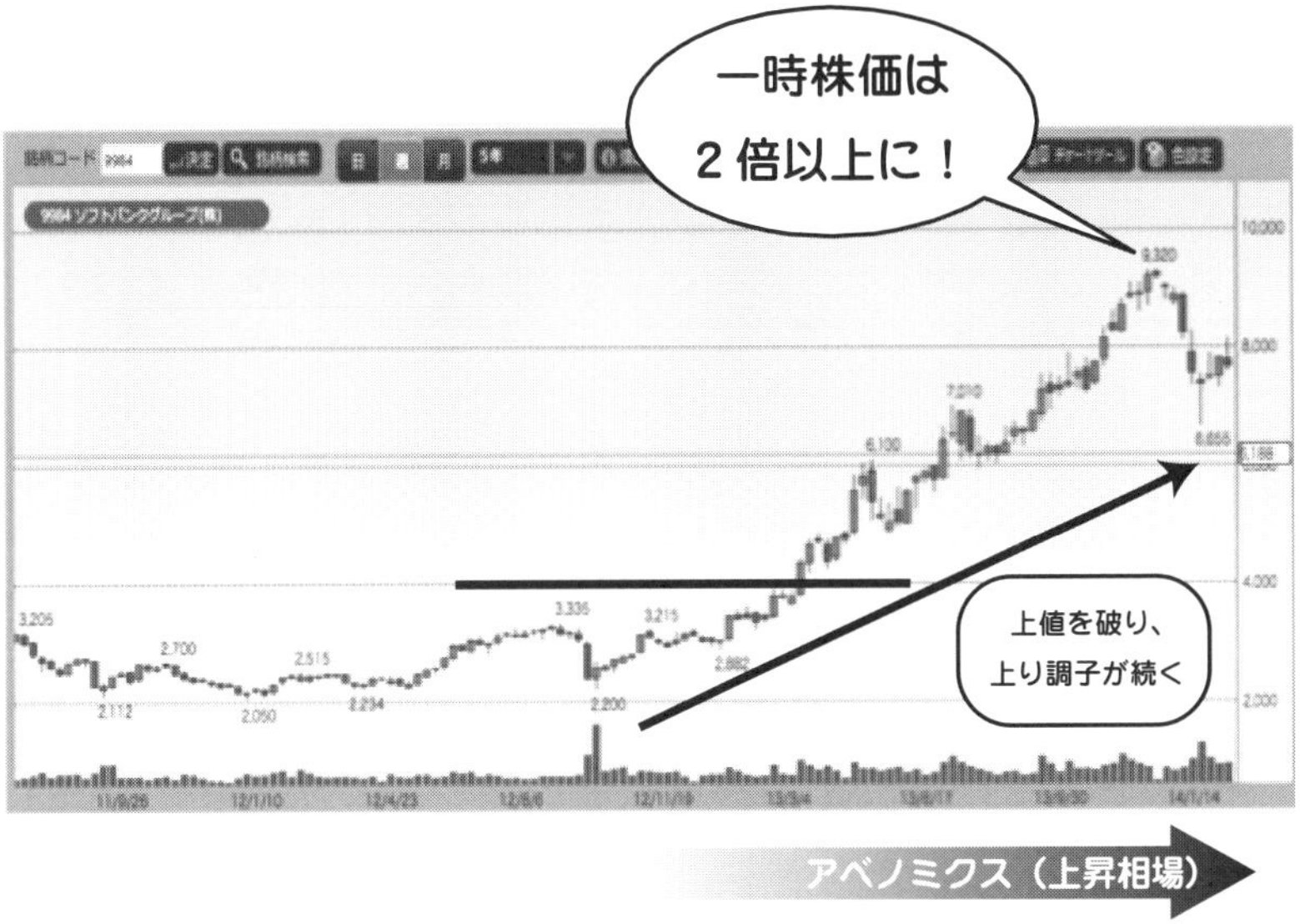

順張り投資をするときのコツ

・高値が更新された株を選ぶ

→ 高値更新により天井が破られると、「ここまで上がったら下がる」という目安が一時的になくなるため、上値が軽くなる（＝株価が上がりやすくなる）

・トレンドが続く限り持ち続ける

→ 順張りではダマシが多いため、利益を最大限に伸ばさないと総合的に勝てない

POINT

高値が更新された株には要注目

「過去の最高価格」というのは投資家の多くに記憶されているもので、「これ以上は株価は上がらないだろうな…」と利益確定や空売りするときの目安にされやすいです。ですが、一度この価格が破られると、空売りしている投資家は狼狽し、株を買い戻し、さらなる価格上昇によりウォッチしていた投資家たちは慌てて買いに回る…という展開になりやすいのです。

順張り投資で利益を出せる理由

「早く買わなきゃ！」という恐怖が株価を上げる

順張り投資がプロに愛されているのは、**「利益が出るまでにあまり時間がかからない」**というのが大きな理由です。

逆張り投資では「下がっている株を買い、下がりきった後に、リバウンドをするのを待つ」というように、かなりの待機期間を要します。ですので、たとえ株を買い付けても、すぐに利益につながる、ということはなかなかありません。

ですが、順張り投資では、今まさに上昇中の株を買い付けるので、リバウンドするのを待つ必要がありません。すぐに利益化しやすい投資法なので、パフォーマンスを求められるプロの投資家には好まれて使われる傾向があるのでしょう。

また、順張り投資で利益が出せる主要因としては、「投資家の恐怖」が密接に関わっているのではないかと考えています。

というのも投資家は「株価が下がる」のも怖いですが、「自分の狙っている株が買う前に上昇してしまう」ことも怖いと感じるからなのです。

あなたが株式投資を経験しているのならば、「損する怖さ」以上に、「利益を逃す怖さ」のことをご理解していると思います。つまり、流行真っ盛りな魅力的な株を見ながら、**「今買わないと、せっかくの株が、どんどん上がってしまう！」**と恐怖を覚えるのです。

勢い良く株価が上昇している様を見て、「ああ、早く買わないと！」と、投資家達が慌てて購入するからこそ、さらに株価が押し上げられているのでしょう。

順張り投資で利益を出せる理由

株価が上がったし、もう売ろう**（理屈）**

まだまだ上がりそうだし、
売るのは少しだけにしよう**（欲）**

多数派
株を持っている人

上昇相場では投資家の多くが強気で、リスクの高い株・リターンの小さい株でも**売られにくい。**

十分上昇した株でも、「まだまだ行ける」という**欲**の影響で上昇が続く。

あの株、最近人気出てきたなぁ**（欲）**

まだまだ上がりそうだし、
早く買わなきゃ！**（恐怖）**

少数派
株を持っていない人

株を持っていない投資家にとっては「狙っていた株が上がってしまう」というのも怖い。上昇相場では欲や恐怖が強まり、**上昇した株を深追いする投資家が増える**と言われている。

POINT 「リスクをとらないのが怖い」投資家が増える

上昇相場では、どんな株を買っても利益が出せることから、投資家のココロの中には、「株を買わなきゃ損だ！」という意識が芽生えてきます。この意識が高まってくると、「自分が買う前に株価が上がってしまうのが怖い！」という、強烈な恐怖心へと変貌していきます。このような状況では、上昇した株ほど注目されやすく、資金が流入しやすいと考えられます。

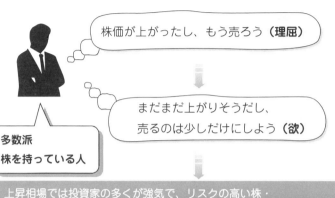

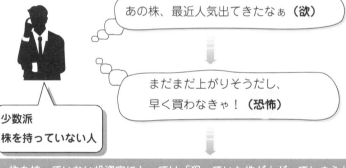

順張り投資で魅力的な株を見つける方法

「年初来高値を更新した株」を狙え！

さて、順張り投資が初心者に向いている理由や、「上がった株が、更に上がる」理由もわかりましたが、それより気になるのが、順張り投資に適した銘柄を見つけるための方法ですよね。

こういった銘柄を見つけるのは、予想以上にカンタンです。

具体的な方法は、2つあります。それは「株価が上昇している銘柄のランキングを見ること」「最近注目されているテーマ株を探すこと」の2つです。

まず、「株価が上昇している銘柄のランキング」ですが、これは証券会社で掲載されている「銘柄ランキング」やYAHOO!などの無料情報サイトで見ることができます。

わざわざ四季報を読み込んだり、数百～数千もあるニュースを逐一確認したりする必要はありません。

これらの情報サイトを無料で使いこなし、「今、アツい株」をサッとチェックするだけで、目ぼしい銘柄を見つけることができます。

こういった銘柄は、投資家からの人気も高いと考えられ、「早く買わなきゃ！」と他の投資家も飛びついてくれることが期待できます。

併せてニュースや決算書をチェックすることで、「大幅増益しそう」「近いうちに割安感が増す」というような、有力な買い材料が出そうな銘柄を見つけられるでしょう。

そこで注目したいのが、**「年初来高値を更新」した株**。このページを毎日チェックしておくことで、今まさに人気が高まっている株を瞬時に見つけられるようになるでしょう。

魅力的な株を見つける方法

YAHOO! ファイナンス – 年初来高値を更新した銘柄

http://info.finance.yahoo.co.jp/ranking/?kd=29&mk=1&tm=d&vl=a

POINT 年初来高値を更新した銘柄は１年で最も人気

年初来高値を更新している銘柄は、１年間の中でも最も「絶好調」な状況にある銘柄ばかりが掲載されています。魅力的な材料を持つ株が満載ですので、順張り投資をするときにはぜひチェックしておきたいところ。

順張り投資でありがちなミスとその対処法

ありがちなミス①　上がりすぎた株

順張り投資では、上昇トレンドにある人気株を中心に株式を購入していきます。ここでやってはいけないのは、「上がりすぎている株」を買うことです。

どんな人気株でも、いずれ人気が冷め、株価の下落がはじまります。既に上がりきってしまった株を購入してしまうと、いわゆる「高値づかみ」になり、買ったとたんに株価が下がる……という最悪な事態にもなりかねません。

投資するなら、緩やかかつ着々と株価が上昇している銘柄を選ぶようにしましょう。

ありがちなミス②　株を買いすぎてしまう

順張り投資では、「利益を伸ばし、損を小さくとどめる」というのが鉄則です。ですので、利益が出るほど、株式を保有する期間は数ヶ月～数年間と、かなり長い期間、株式を保有することになるでしょう。

一方、長く株を持つときは、1銘柄に割り充てる資金量は小さくとどめなければなりません。これには、2つの理由があります。1つは、株式を長く保有するほどリスクが高まるから。もう1つは、「もっと魅力的な株」が出てきたときに、資金が足りなくなってしまうからです。

よって、順張り投資をするときには、1銘柄あたりの資金量を小さく抑え、新たなチャンスのために、一定量の資金を余らせておくのがよいでしょう。

これらのミスは、投資初心者よりも少し経験のある「油断している」投資家が多く引き起こしています。彼らと同じミスをしないよう、気を引き締め直しましょう。

ありがちなミスと対処法

ミスその① すでに上昇しきってしまった株を買ってしまう

上昇の勢いが強すぎる銘柄は、すでに上昇しきっているおそれがあるため、順張り投資するには不適切です。目安としては、25日移動平均線と終値の乖離が +40% を上回っている（＝ここ１ヶ月で株価が５０％近く上昇している株）は、既に上昇しきってしまっていることが多いため、買っても旨味は殆どないと考えられます。

（参考）YAHOO! ファイナンス – 高かい離率（25日・プラス）
http://info.finance.yahoo.co.jp/ranking/?kd=19&mk=1&tm=d&vl=a

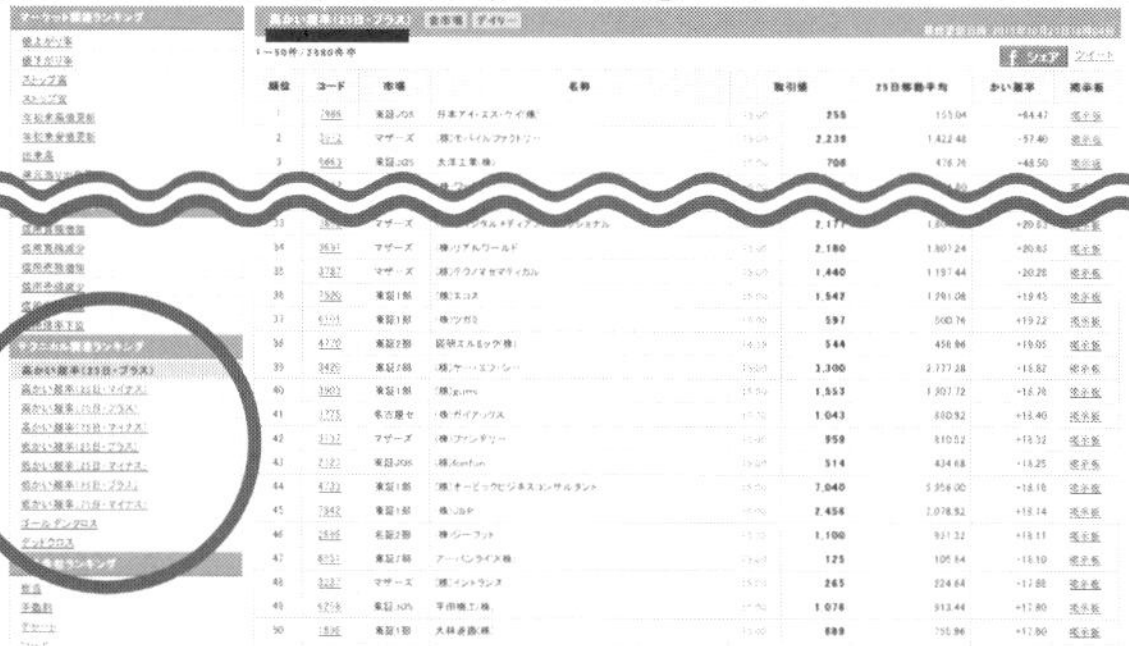

ミスその② 株を買いすぎてしまう

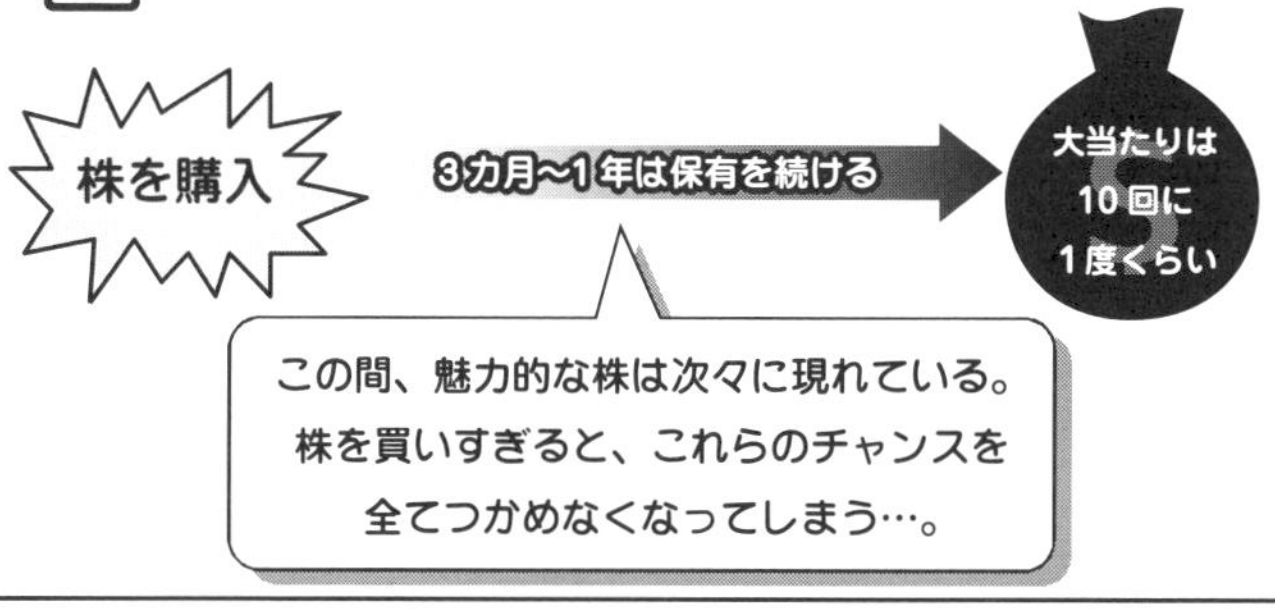

株を購入
3カ月〜1年は保有を続ける
大当たりは
10回に
1度くらい
この間、魅力的な株は次々に現れている。
株を買いすぎると、これらのチャンスを
全てつかめなくなってしまう…。

POINT

鉄則は「色んな銘柄を、少しずつ買う」こと

順張り投資は、保有期間が長いため、株の保有リスクが大きいというのが欠点です。また、大当たり銘柄をつかめるのは 1/10 程度とかなり低いのも難点。これらの２点を解決するためには、できるだけ多くの銘柄に資金を分散し、リスクを下げつつ、大当たり銘柄を買える確率を少しでも引き上げておくのがよいでしょう。

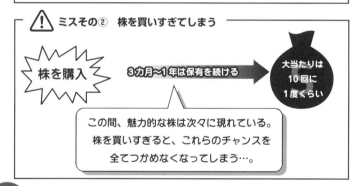

上昇相場に最適な成長株 割高株でも利益が出せる理由

将来的には割安？

順張り投資に最適な銘柄は「成長株」です。

成長株投資では、割高と考えられている株でも、魅力的な投資対象になり得ます。理由はカンタンで、「**会社が成長すれば、株も割安になる**」という期待があるからです。

「割高な株なんて、怖くて買えないよ！」と考えている方も多いかと思いますが、そんなことはありません。どんなに割高でも、「将来的に割安になれば」全く問題が無いからです。

たとえば、ＩＰＯのように新規上場する銘柄は、ＰＥＲが数百倍のように、非常に割高な水準にまで株価が上がることがあるでしょう。これは、「会社が順調に成長し、今以上の規模になれば、きちんと利益を回収できる」と考えられるからなのです。たとえＰＥＲが１００倍の株でも、企業が10倍の規模にまで成長し、純利益が10倍になれば、ＰＥＲは10倍にまで下がります。結果的に割安感が増すことになるので、長い目で見ると、「今買っておくのが得だ」という結論に至るという訳です。

今まで「ＰＥＲが１００倍の会社があるなんて、馬鹿げているだろ！」と思っていた方も居るかもしれません。

ですが、これは投資家たちが、「将来的には割安になるだろう」と、将来を見越した上で、割高な株を「あえて買った」という結果なのです。

では、いま割高でも「将来株安になりそう」な株を見つけるには、どのような方法があるでしょうか。

ここからは具体的に成長株を探す方法を紹介していきましょう。

割高な株を買っても利益を出せる

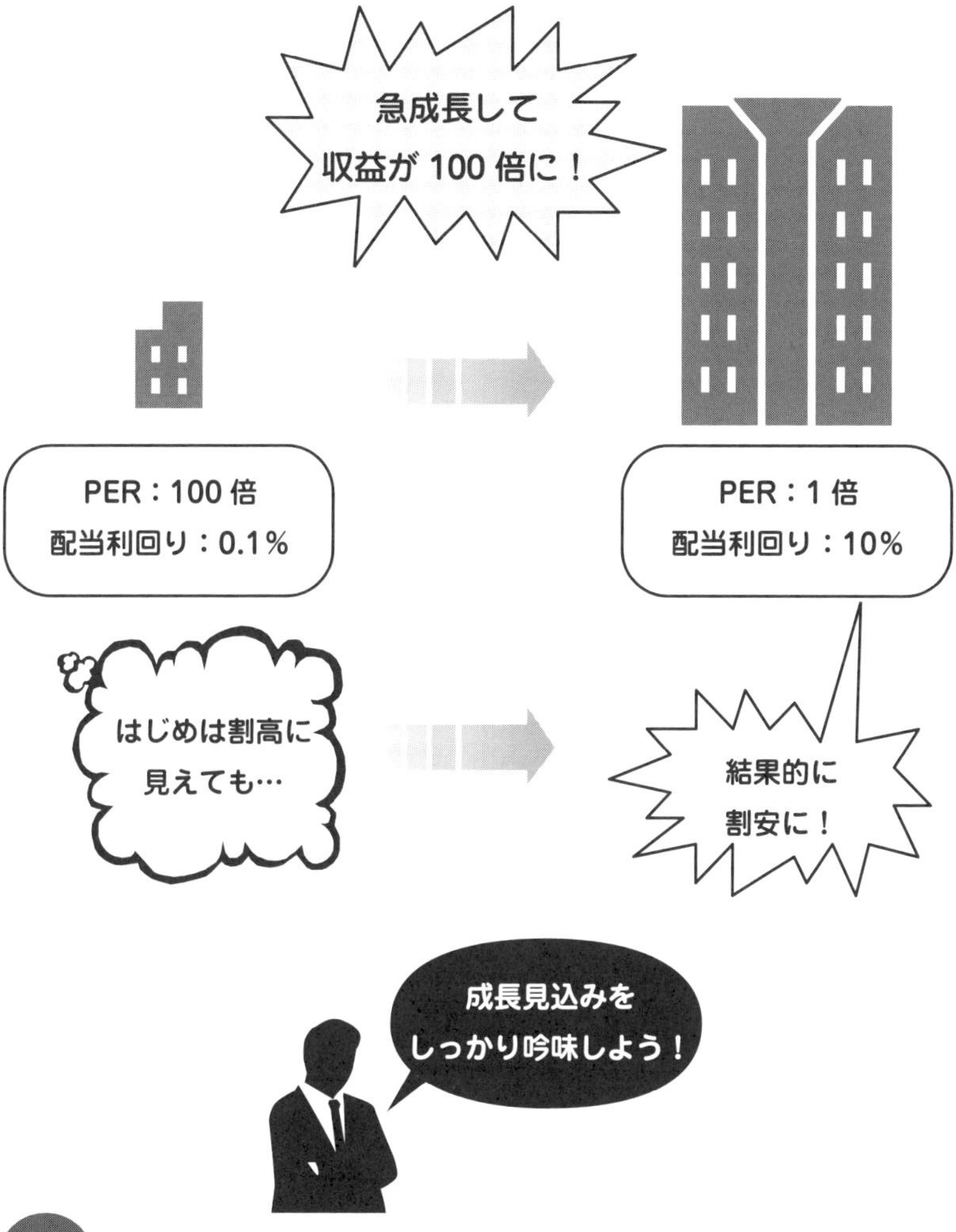
急成長して
収益が 100 倍に！
PER：100 倍
配当利回り：0.1%
PER：1 倍
配当利回り：10%
はじめは割高に
見えても…
結果的に
割安に！
成長見込みを
しっかり吟味しよう！

POINT

ターゲットは、「成長見込みの高い会社」！

成長株投資で最も大切なのは、投資先の企業の成長見込みです。ですから、爆発的な利益をお望みなら、成長速度の早い小型企業が狙い目。逆に、リスクを抑えつつ、ミドルリターンをお望みなら、成長速度がやや劣るものの、倒産リスクの低い中堅〜大企業の会社を狙うのがよいでしょう。

成長株投資に使えそうな「急成長」銘柄を見つける方法

上方修正を狙え！

ではこれから、成長株を見つけ出す具体的な方法をご紹介しましょう。それは、**「業績修正しそうな銘柄」**を探すことです。

企業は、1年に1回本決算があり、毎年「今年はどれくらいの売上が出るのか／利益が出るのか」についての計画と予測をします。そして、その数値を基に予想ＰＥＲが計算されます。

たとえば、今年の1株あたりの予想純利益が「１００円」の会社があるとすれば、その「会社の予想」を基にＰＥＲが算出されることになります。もし、株価が２０００円ならば、予想ＰＥＲは２０００円（株価）÷１００円（1株あたりの予想純利益）＝20倍というように計算されています。

もし、この会社が「予想よりも純利益が伸びそうだ」としましょう。実際には、予想の5倍くらいの利益が出る見込みだとします。すると、株価が２０００円だったとしても、予想ＰＥＲは２０００円（株価）÷５００円（1株あたりの見込み純利益）＝4倍ということになります。

すると、一見予想ＰＥＲが20倍の平凡な株でも、よくよくその企業を分析してみると、予想ＰＥＲが4倍の超割安株であるということもあり得るのです。

このように、業績修正間際の銘柄を見つけることで、「これから割安になる」銘柄を探し出すことができます。そして、きちんと分析さえすれば、誰でもカンタンに成長株を購入することができるのです。

急成長株を探す方法

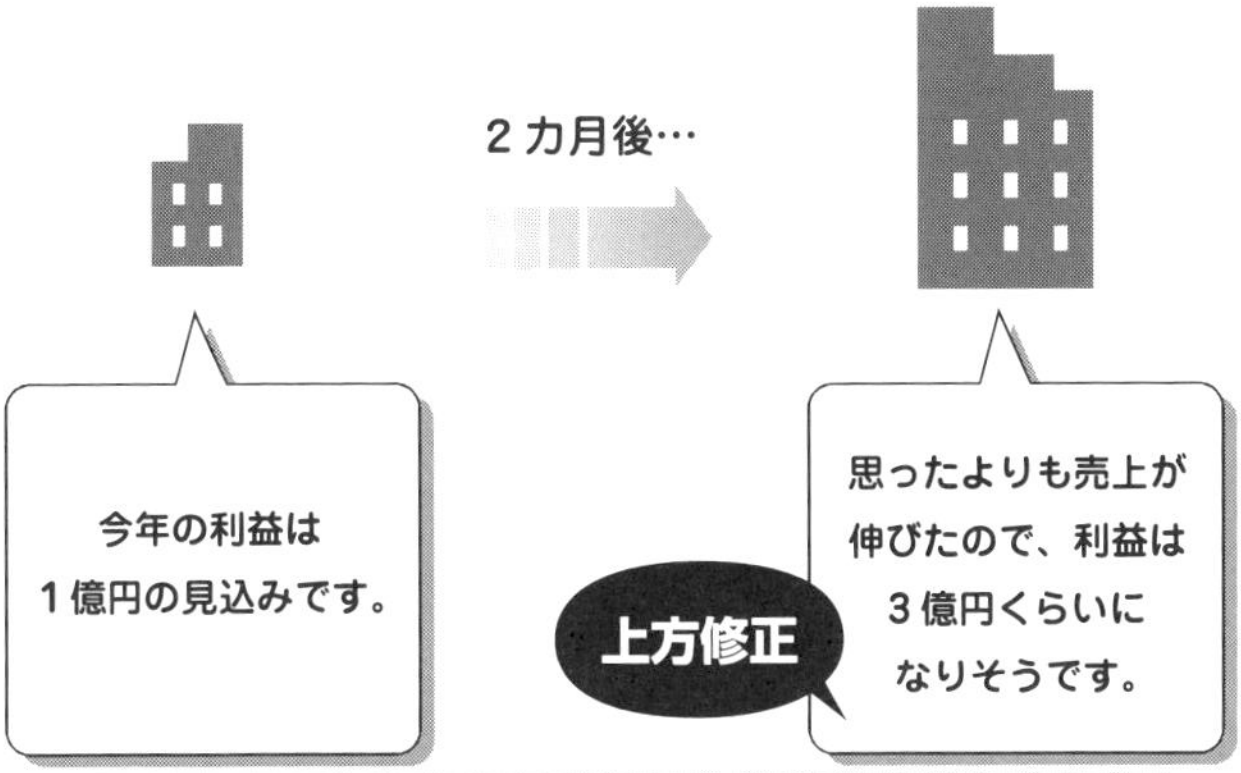

**計画よりも売上や利益が伸びている会社を見つけることで、
業績が絶好調な株に投資できる!?**

※要ブックマーク - 業績が有力 / 上方修正が有力な銘柄一覧
http://kabutan.jp/tansaku/?mode=1_0

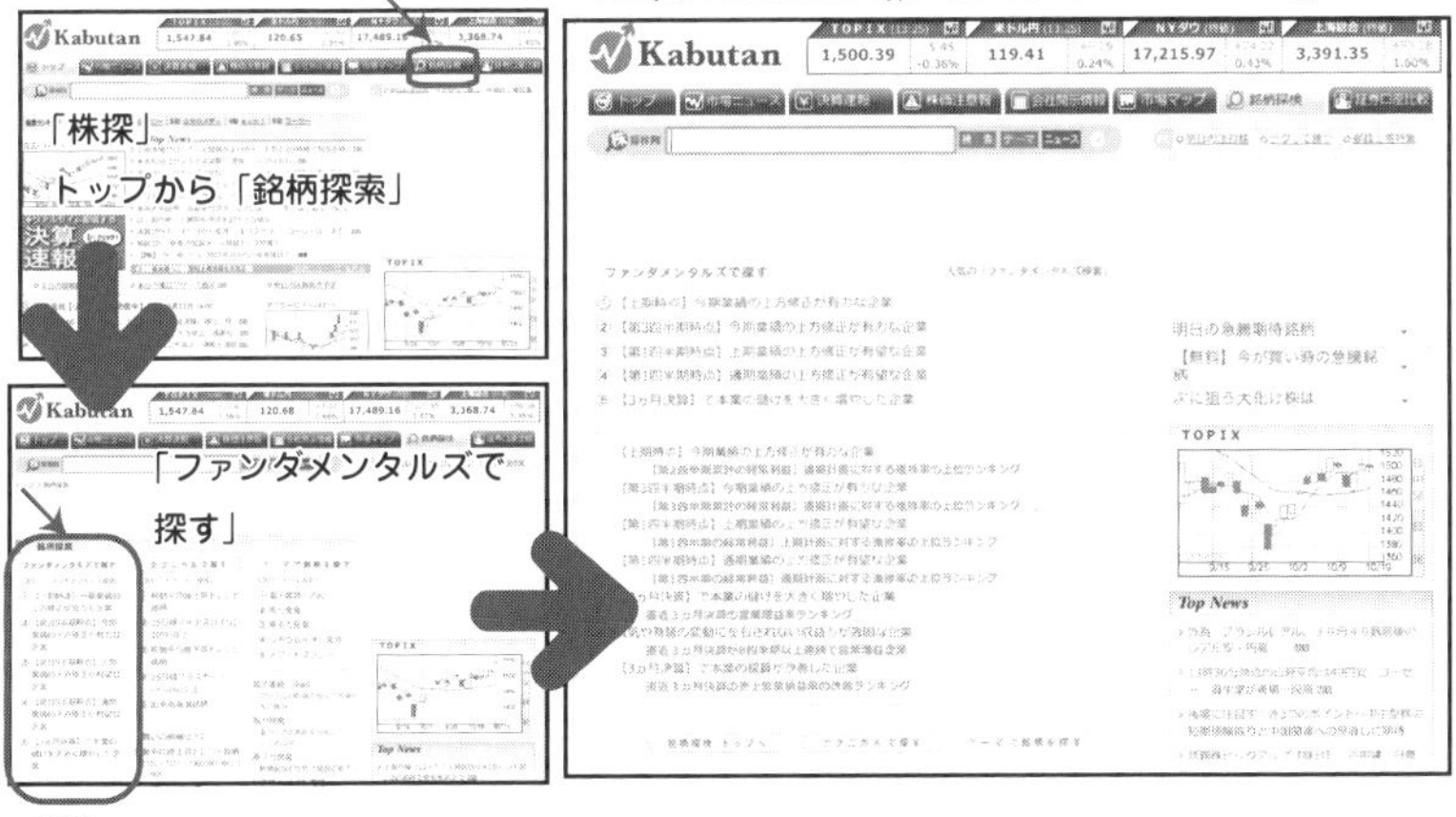

POINT 上方修正サプライズによる急伸を狙え！

素晴らしい業績を残している企業の中でも、特に注目を集めやすいのが、「上方修正」です。株価は企業の業績予想に基づいて変動することが多いことから、「業績が予定を上回っている」というのは、購入するのにはよい判断材料です。成長株投資をするときには、まず初めに、上方修正しそうな銘柄から注目してみてはいかがでしょうか。

成長株投資で知っておきたい指標「ペグレシオ」

割安性 ÷ 成長性

成長株投資をしていると、「PERが高いけど、成長性が非常に高い株」と「PERは低いが、成長性がそこそこな株」で、どちらを買えばよいのか悩んでしまうことがあります。

あなたが成長株投資をしたことがあるのなら、きっと同じような悩みを抱えたことがあるでしょう。そんなあなたに、ぜひ覚えておいていただきたい指標があります。この指標を覚えておくことで、「成長性」と「割安感」を上手く天秤にかけられるようになるはずです。

その指標の名前は、「**ペグレシオ**」です。PEGレシオとも表記されているこの指標は、「Price Earning to Growth（成長率に対する収益性）」の頭文字をとっています。この指標の計算方法は、以下のとおりです。

PEGレシオ（倍）＝株価収益率（PER）／1株あたり利益成長率

ペグレシオは、バリュー投資やグロース投資をしている投資家がよく使う指標で、企業の成長性と割安感を天秤にかけるときによく使われる指標です。一般的に、ペグレシオが1倍を下回っていると、割安感が大きく、逆に2倍を上回ると割高感が大きいと言われています。

ちなみに、ペグレシオを使った銘柄のスクリーニングには、楽天証券のスーパースクリーナーが使いやすいです。どうしてもペグレシオを使ったスクリーニングをしたいという方は、楽天証券の口座を持っておくと、有利な成長株投資ができるようになるでしょう。

割安感と成長性を両方チェック！

割安感をチェック

$$\text{PEGレシオ（倍）} = \frac{\text{株価収益率（PER）}}{\text{1株当たり利益成長率※}}$$

成長性をチェック

※1株当たり利益成長率（EPS成長率）

$$= \frac{\text{今のEPS} - \text{x年前のEPS}}{\text{x年前のEPS}} \times \frac{100}{x}$$

※ xに入る年数としては「3年」くらいが一般的です。
なお、この指標は成長率が安定していない小型株には使いづらいため、
安定成長している「大型企業」に使うのが良いでしょう。

（計算例）
PERが20倍で、EPS成長率が10%とすると、PEGレシオは
20倍 ÷ 10% ＝ 2　となります。

一般的に、このPEGレシオは1〜2の間におさまると言われており、PEGレシオが2を超えると割高、PEGレシオが1を割り込むと割安と判断されています。

POINT 割高に見える株でも、実は「割安」？

成長株投資では、この「割安感」と「成長性」のバランスを見極めるのがとても難しく、判断に困っているという投資家も多いです。ですが、ペグレシオを使うことで、割安感だけでなく、成長性も加味した投資判断ができるようになります。成長株投資をしようと思っている方は、ぜひ試しに算出してみてはいかがでしょうか。

成長株投資でありがちなミスとその対処法

ありがちなミス①
業績織り込み済みの株

成長株投資でやってはいけないのが、既に業績が株価に織り込まれている株を買ってしまうという失敗です。

どんなに業績が拡大している株式でも、業績修正が発表される前に、既に株価に織り込まれてしまっていては、その後の値上がりには期待ができません。

成長株投資の醍醐味は「業績拡大の見込みが高いが、まだ株価に織り込まれていない」ことです。既に株価に織り込まれている株を購入してしまえば、利益の見込みが無くなるだけでなく、最悪の場合は株価が急落し、損をしてしまう危険性もあるわけです。

ありがちなミス②
見込み薄の株

もう一つ、成長株投資では「会社が大きくなり続けている限り、株価が伸びる」という前提のもと、投資をしていきます。よって、投資先の企業の成長が鈍化したときには、利益が出せなくなってしまいます。

気をつけたいのが「成長が鈍化したのに、株を持ち続けてしまう」というミス。

成長を株価上昇の原動力として利益を狙うこの投資手法では、成長の鈍化は「株価上昇の鈍化」を示し、利益の見込みが薄くなっているということなので、その株を持ち続ける意味が薄れていってしまっているのです。

成長株投資で大切なのは、「引きどきを知る」ということ。株価が伸び悩んだり、決算内容が想定を下回った場合には、資金を引き上げてしまうのがよいでしょう。

「織り込み済み」と「成長性の薄れ」

ミスその① 今後の成長が既に織り込まれてしまっている

業績が素晴らしい会社を見つけても、今後の見込みが全て株価に反映されてしまっている場合は、投資の旨味は激減します。成長株投資をするときには、まだ株価が上昇していない銘柄などを選ぶのが無難でしょう。

ミスその② 成長に限界が見えてしまった

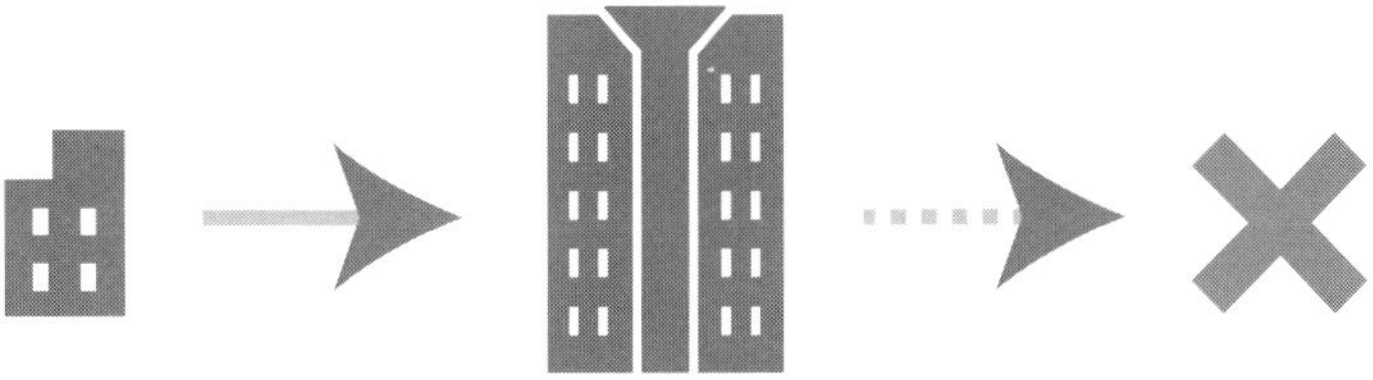

市場シェアが数十パーセントを上回ったり、主力市場の規模が成熟期・衰退期にある場合には、よほど素晴らしい新商品が出ないかぎり、企業成長を実現するのは難しいと考えられます。よって、成長株投資をするときには、「最大でどこまで成長見込みがあるのか？」を事前に調査しておき、成長見込みの薄い株を避けておくのが良いでしょう。

POINT

持っている株の成長性が薄れたときは…？

成長株投資では、「株を持っている間に、株の成長性が薄れてきた…」ということも少なくありません。保有期間が伸びるほど、投資先や相場の状況が大きく変わることもあるので注意が必要です。保有銘柄の成長性が薄れてきたときには、より魅力度の高い銘柄に資金を移動するのがよいでしょう。一方、相場の状況が変わってしまった場合には、別の投資法に切り替えるのがよいと考えられます。

下落相場で利益を出す投資法【逆張り・割安株投資】

下落相場を乗り切る方法

順張り投資は「上昇相場で利益を出しやすい」ものですが、一方で、下落相場で利益を出しやすいのが、逆張り投資です。

この投資法を使いこなすことで、下落している株からも、利益を搾り出せるようになるでしょう。

逆張り投資は、「下落している不人気な株」を買って、利益を出す投資法です。この投資法では、値下がりしている銘柄ほど魅力的と言えます。

なぜなら株価が急落している株ほど、のちのちリバウンドする見込みが高いと考えられているからです。

この投資手法は、「下がっている＝割安感が出てきた株」を中心に取引することから、「利益が出そうな投資手法」としても知られており、アマチュアの投資家に好まれて使われています。

しかし、逆張り投資は、「下がってから株を買うだけ」というほど、単純なものではありません。

なぜなら、株価が急落している銘柄は、「下がっても仕方がない」ような悪材料が伴うことが多く、購入するのには勇気が要るからです。

一方、割安株投資（バリュー投資）では、長期的に業績がよいと考えられる企業の株を、魅力的な価格で買い、長い期間持ち続けるという投資法です。安定した配当金・企業成長による株価の値上がりの両方が狙えるため、多くの投資家に親しまれている投資法だと言えるでしょう。

下落相場で有効な逆張り投資と割安株投資。この二つの投資法で利益を出せる理由や、向いている銘柄を見つける方法を紹介していきましょう。

キーワードは「逆張り」と「割安株」

リスク・オフ

「利回りが低くてもリスクをとりたくない」
という投資家が多数派

下落相場

相場全体が弱気
→ 安定性のある株が
好まれやすい

底が堅い株を買う
→ 逆張り投資
→ 割安株投資

下落相場の特徴→投資家たちは弱気一辺倒

投資家たちの頭の中
…リスクをとるなんて意味のないことはしたくない
…下がってしまう前に株を売りたい
…下がっているうちは、株を買いたくない

好まれる株
…必要以上に下落した割安株や、
決算が安定しているディフェンシブ株など
…相場全体の下落により、「割安株」の数が
増えてきている
…底値の固い下落中の株や、十分に株価が下がり
きった割安株が狙い目

POINT

下落相場に巻き込まれないために…

下落相場に巻き込まれないためには、下落相場に巻き込まれづらい投資法を知っておく必要があります。下落相場では投資家全体が弱気で、「株を買わないこと」が普通だと思っているため、よほど割安な株や、急落している株がないかぎり、利益が出しづらいと考えられます。次ページからは下落相場に適した銘柄に投資する方法をご紹介しましょう。

逆張り投資で利益を出せる理由

高精度な取引が可能

逆張り投資は、個人投資家からも好かれている投資手法です。これには、「利益が出しやすい」と思えるだけの、2つの大きな理由があるからです。

1つ目の理由は、もともと割高感のある株式でも、株価が急落することでPERやPBRが小さくなります。これにより、株価が企業価値よりも小さくなる可能性が高まります。割安感のある株が発生することから、急落しても、株価が元に戻る可能性が高いと考えられます。

このように、株価が急落した銘柄を狙うことで、リバウンドすることが期待できるでしょう。

2つ目の理由は、チャートの形にまつわる理由です。

株価が急落すると、「移動平均」から株価が大きく乖離していきます。移動平均は、「今までの株価を平均した数値」であることから、多くの投資家が適正だと考えている価格とも考えられるでしょう。株価が急落すると、この「適正価格」と考えられている価格よりも株価が大きく下がっているため、その後、「見直し買い」が集まりやすいと考えられているのです。

以上の2つの理由から、「下がった株は、いつかリバウンドする」と考えられており、高勝率な取引ができると期待されているのです。

統計的にもこの投資法の正当性は実証されており、高勝率な投資をしたい方に向いている投資手法だと言えるでしょう。

逆張り投資が有効な２つの理由

理由その① 割安感が増し、投資の旨味がでてくる

株価が下落することで、２つの側面から割安感がでてきます。

・他の株とくらべて割安になる
・過去の株価とくらべて割安になる

この２点が理由となり、長期保有する際の旨味が増すことから、下落した株ほど人目を引き、リバウンドしやすいと考えられます。

理由その② 投資家が考える「適正価格」からの乖離

移動平均など、長期的に慣れ親しまれてきた価格は、投資家たちのココロに根強く残っています。株価が急落すると、「あれ、いままでよりも安いなんて、この価格は適正ではないのかもしれない？」と、見直し買いが集まりやすいと期待できます。この「適正価格」はあくまで投資家たちが勝手に判断しているため、必ずしも正しいものではありません。ですが、急激に株価が下がった銘柄は投資家の注目も集めやすく、「もしかすると割安かもしれない」と思い込ませやすいことから、リバウンドに転じるケースが多いのです。

POINT
理論的・心理的に「買われやすい」株を狙え！

逆張り投資の最大の特徴は、「下がっている株を買う」ということ。この背景には、「理論的に割安になったから」「心理的に買われやすいから」という２つの理由があります。これらの２つのポイントを押さえて、逆張り投資に適した株を探すことで、あなたも効果的に利益を出せるようになるでしょう。逆張りに向いている具体的な株については、次ページをご参照ください。

逆張り投資に向いている銘柄を探し出す方法

投資先の業種に注目！

「勝ちやすい」投資手法として有名な逆張り投資法ですが、もちろんこの投資法にも欠点があります。それは、「負けたときには大きな損が出てしまう」という点です。投資の中～上級者からは、「逆張り投資は、落ちているナイフをつかむ」とたとえられています。急落している株を買うのはとても危険で、損をしたときに手痛い目に遭いやすいからなのです。

ですので、逆張り投資をするときには、「下がっても反発しやすい株を選ぶ」ことが非常に重要です。

たとえば、時価総額の大きな会社の株が挙げられます。このような株は、多少事業で失敗しても、事業規模が大きいため、他事業で失敗を吸収することができるでしょう。よって、多少株価が下がっても、後々になって反発しやすいと考えられます。他にも、企業価値が下がりづらい会社を選ぶのがよいでしょう。

化学業のような業種は、商品を製造するために工場を保有していることが多く、参入障壁が高いと考えられます。同時に、製品に必要な技術力も高いことから、強力な競争優位性を持っていると言えるでしょう。このような企業は、たとえ一時的に業績が悪くても、のちのち競合にシェアを奪われるリスクが小さいことから、見直し買いが入りやすいと期待できるでしょう。

逆張り投資は、株価が下落している株を買うのが主流です。

これを突き詰めていくと、**「下がっても、また上がりやすい株」**を選ぶのが大切です。このポイントを押さえられないと、塩漬け銘柄を量産してしまう危険がありますから、細心の注意を払うようにしましょう。

リバウンドしやすい業種 TOP 10

1位　パルプ・紙
2位　水産・農林
3位　電気・ガス
4位　化学
5位　陸運
6位　金属製品
7位　鉄鋼
8位　石油・石炭
9位　ガラス・土石
10位　鉱業

検証期間：2000年1月1日～2015年9月30日

POINT

「ちゃんとリバウンドする株」に投資

逆張り投資でありがちなのが、「リバウンドしにくい株を買ってしまう」というもの。どんなに急落した株や割安な株を買っても、リバウンドしにくい株を買ってしまえば、逆張り投資で利益は出せません。上の表は、過去の相場データ15年分の中でも、急落時にリバウンドしやすい業種のランキングです。逆張り投資をするときには、上記の業種に注目してみてはいかがでしょうか。

逆張り投資でありがちなミスとその対処法

ありがちなミス①
タイミングが早すぎる

逆張り投資でやってはいけないのは、「まだあまり下がっていない株」を買うことです。

逆張り投資をしている方の多くが、「投資するタイミングが早過ぎて」損してしまいます。ちょっとやそっとの下落では、「株価が上がりやすいタイミング」とは言いづらいので、普段からチャートを眺め、どのようなタイミングで株価が反発しやすいのかを勉強しましょう。

ありがちなミス②
あきらめが早すぎる

逆張り投資では、「株価が下がっている途中で株を買う」のが一般的です。そのため、株を買ったあとも、しばらく利益が出ないのが普通です。にも関わらず、短気な方は、すぐに自分の買った投資を信じられなくなってしまうこともあります。

含み損を抱えたままじっとしているのはストレスが溜まりますが、利益が出るまで待てるように下調べをして、「自分が正しい！」と思えるように準備をしておきましょう。

ありがちなミス③
欲が出てしまう

逆張り投資では、欲を出すのは禁物です。

一般的に、株価が急落した銘柄は、元の株価にまで逆戻りすることはありません。ですので、ほどほどの利益で満足して、手を引くのが大切です。目安としては、「下落率に対して、半値に戻した程度の利益を狙う」のがよいでしょう。半値を目安として取引することで、勝率80%~90%の投資をするのも不可能ではなくなるでしょう。

キモは「タイミング」

早すぎるタイミング	適切なタイミング	遅すぎるタイミング
待機時間を経て含み損が発生するパターン。待機中には資金を動かせないため、その他の投資機会をまるごと失ってしまいます。また、急落中に株を買うため、タイミングが早過ぎると含み損が膨らむため、ストレスがかかりやすいという点に注意が必要です。	仕掛けた直後に含み益が発生する。他の投資機会を失うことがないため、効率的に運用することが可能です。	欲張ると保有期間が長引き、他の投資機会を見逃してしまうリスクがあります。ですから、逆張り投資ではほどほどの利益で満足し、スムーズに利益確定するのが良いでしょう。欲張って利益を膨らませようとすると、利益が膨らむどころか、小さくなってしまうことがあります。一般的に、逆張りでは株価は下落前の水準に戻ることは殆どありません。目安としては、「下落前と下落後の中間くらい」までのリバウンドを狙うのがちょうど良いでしょう。

POINT

「タイミング」には細心の注意を。

逆張り投資はポピュラーな投資法である一方、その実態は、とても難しく、シビアな投資法だと言えるでしょう。逆張り投資で何と言っても難しいのが「タイミング」のはかりかた。ここを間違えてしまうと、どんなに銘柄選びを徹底しても、上手く利益を出すことができず、時間ばかりを浪費してしまうことになります。逆張り投資をするときには、4W 2Hの中でも「When（タイミング）」と「How（注文方法）」に細心の注意を払うようにしましょう。

割安株投資で利益を出す方法

利回りの高い銘柄が次々現れる？

割安株投資では、過小評価されている企業への投資が中心となるため、短期的に利益を出すのは困難です。むしろ、「長い時間をかけて、ゆっくりとその価値が認められていく」のを待つ投資法なので、せっかちな方や、何度も株取引をしたいという方にとっては、不向きな投資スタイルだと言えるでしょう。

一方、割安な株を中心に取引することから、株価が大きく下落するリスクは他の投資法よりも小さく、安全度の高い投資法としても有名です。

この投資法は、ある程度の資産をすでにもっていて、ゆったり安定的に利益をあげたいと考えている方にとっては魅力的な投資法だと言えるでしょう。

割安株投資は、成長株投資とは逆で、相場全体が冷え込んでいる「リスク・オフ」の時期に真価を発揮する投資手法です。相場が冷え込むと、投資家たちは損失をカバーするため、他の株を売りはじめます。一部の暴落が更なる暴落をうみ、次々に株価が下がっていくのです。このようなタイミングこそ、割安株投資の出番です。

市場が低迷しているときは、**高配当な銘柄や、割安感の高い銘柄が次々に現れる**ため、長期保有に適している割安株投資をしている投資家にとっても、絶好の好機となります。

逆に、市場全体が上昇傾向にあるときには、割安な株は殆ど無くなってしまい、配当益を狙った投資法では、なかなか利益を出せなくなってしまいます。よって、下落相場で効果を発揮する一方、上昇相場では向かない投資法とも言うことができるでしょう。

高配当銘柄をチェック！ 無料サイト

YAHOO! ファイナンス – 年初来高値を更新した銘柄

http://info.finance.yahoo.co.jp/ranking/?kd=29&mk=1&tm=d&vl=a

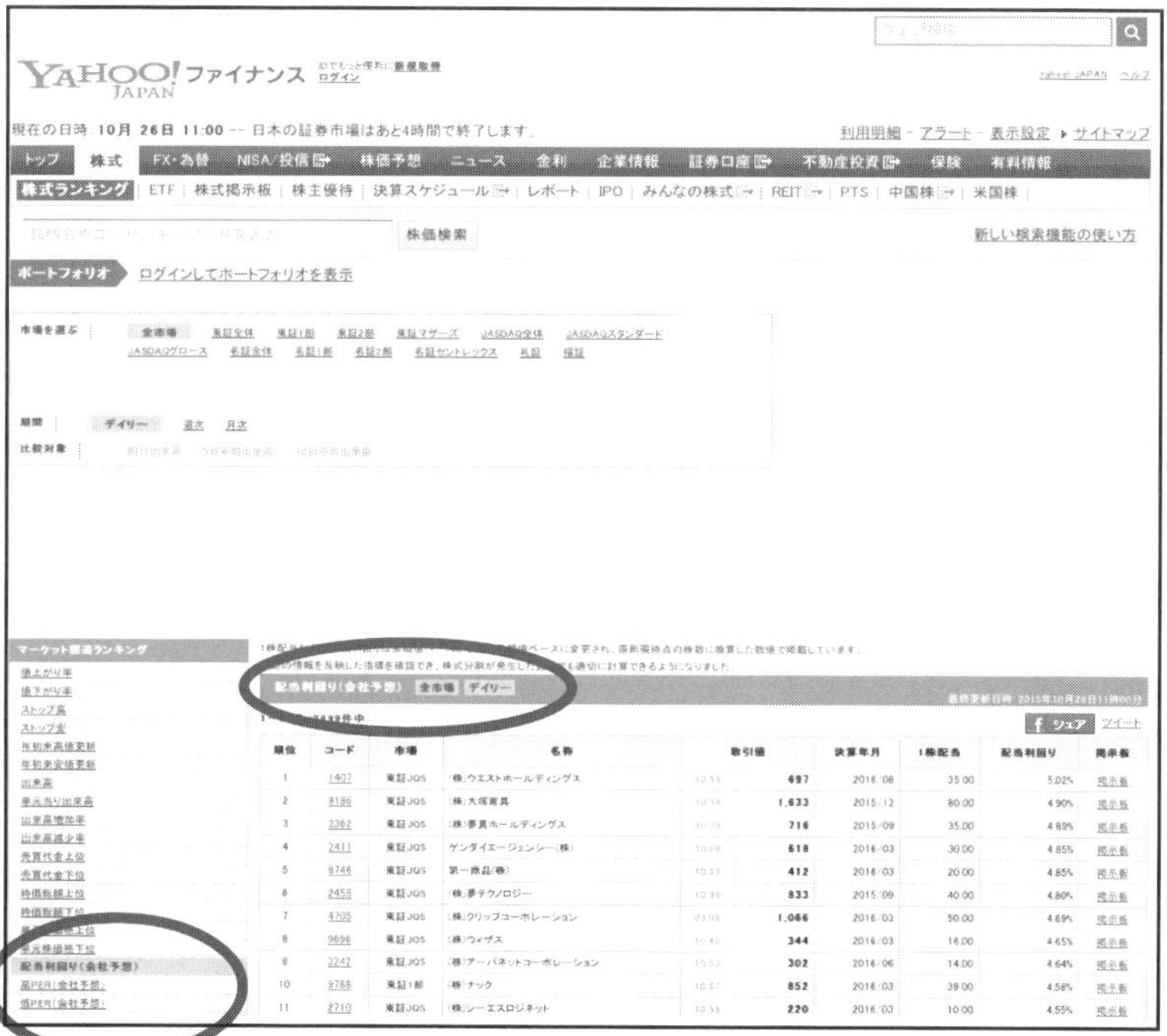

順位	コード	市場	名称	取引値	決算年月	1株配当	配当利回り	掲示板
1	1407	東証JQS	(株)ウエストホールディングス	697	2016/08	35.00	5.02%	掲示板
2	8186	東証JQS	(株)大塚家具	1,633	2015/12	80.00	4.90%	掲示板
3	2362	東証JQS	(株)夢真ホールディングス	716	2015/09	35.00	4.89%	掲示板
4	2411	東証JQS	ゲンダイエージェンシー(株)	618	2016/03	30.00	4.85%	掲示板
5	8746	東証JQS	第一商品(株)	412	2016/03	20.00	4.85%	掲示板
6	2458	東証JQS	(株)夢テクノロジー	833	2015/09	40.00	4.80%	掲示板
7	4705	東証JQS	(株)クリップコーポレーション	1,066	2016/03	50.00	4.69%	掲示板
8	9696	東証JQS	(株)ウィザス	344	2016/03	16.00	4.65%	掲示板
9	3242	東証JQS	(株)アーバネットコーポレーション	302	2016/06	14.00	4.64%	掲示板
10	9788	東証1部	(株)ナック	852	2016/03	39.00	4.58%	掲示板
11	2710	東証JQS	(株)シー・エスロジネット	220	2016/03	10.00	4.55%	掲示板

POINT

高配当の基準ってどれくらいなの？

日本株の配当利回りは平均で約 1.5% 程度。1.5% を上回れば「高配当」で、その逆ならば配当が少ないという風に考えれば、スムーズに高配当銘柄を見つけられるでしょう。このとき、配当利回りが 3% 付近にある銘柄が理想的で、「高配当」というのに相応しいと考えられます。逆に、1% を切るものは配当目当てで株を買うにはやや非効率でしょう。

割安株投資で利益を出せる理由

高リターン株を狙う

具体的に、「なぜ」割安株を買うことで利益が見込めるのかについて、これから紹介していきましょう。

割安株投資では、とにかく割安で、「高い配当」や、「優待」を求めて投資をしていきます。

もし配当や優待が無い場合でも、今後の企業の実績次第では大きな利益が狙える企業を中心に投資をしていくことになります。

割安株投資をするときに、よく参考にされるのが、予想PERやPBRといった指標です。

これらは、企業価値や企業の収益性を参考に算出されている指標であるため、これらの数値が小さいほど、割安感のある株だと言えるでしょう。

PERは会社の収益性を示すためこの数字が小さいほど、株主還元による見返りが大きいと期待できます。そのため、将来的にも株が買われやすいと考えられます。

こういった株を仕込み、「投資家たちが、その株の魅力に気付くまで待つ」というのが、割安株投資で利益を出すための方法論です。

この投資法では、「周りの投資家が魅力に気付く」というのが非常に重要なポイントです。そのため、「気付かれるまでは、ひたすら待ち続ける必要がある」という弱点があります。

成長株投資とくらべて、割安株投資では株式を保有する期間が長くなる傾向があります。

気長で、安全志向な方に向いている投資手法だと言えるでしょう。

割安株投資で利益を出せる理由

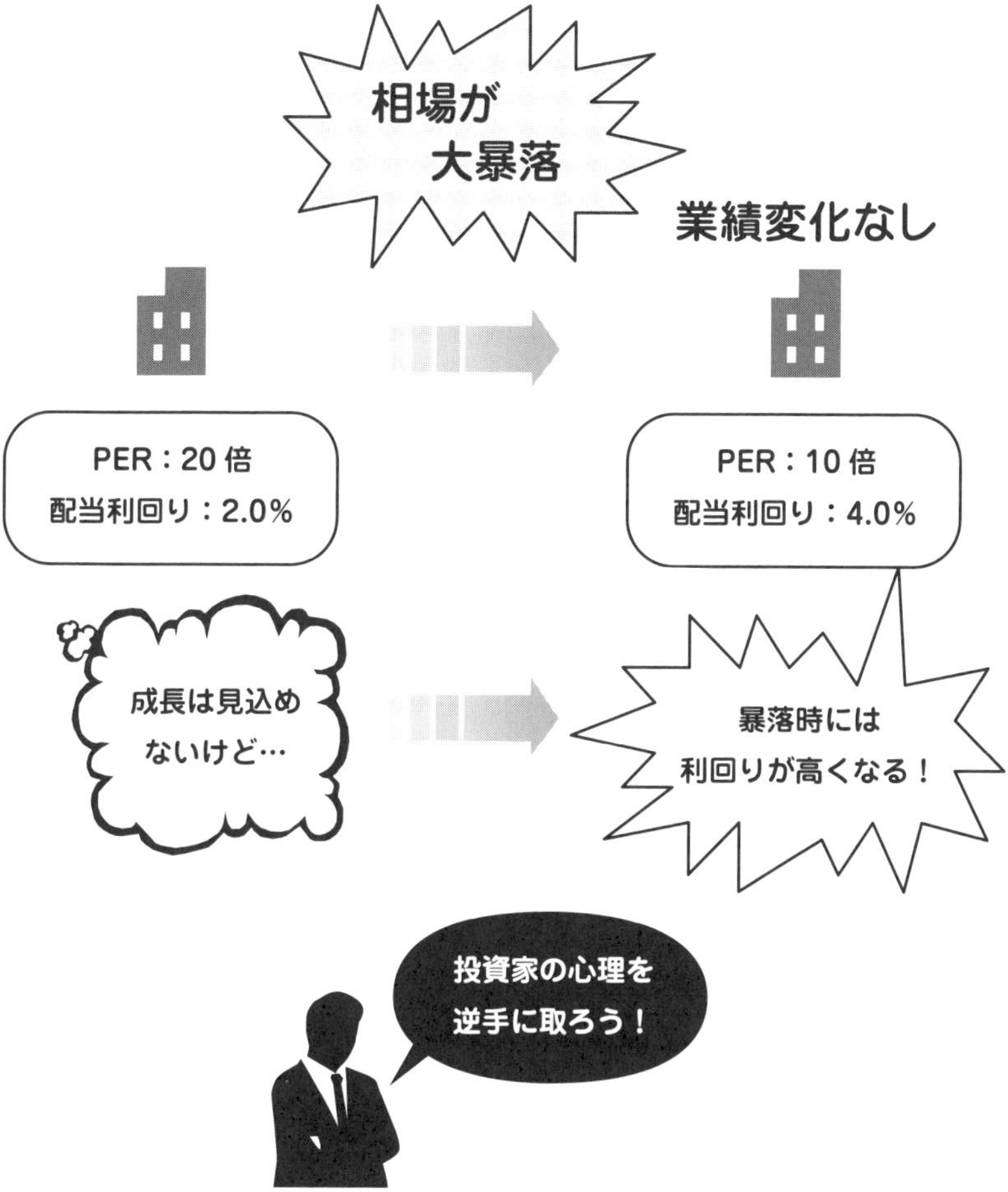

POINT

投資家の「弱気姿勢」を逆手に取る！

割安株投資では、投資家たちが「株を買いたくない」と思っているのを逆手にとり、過剰に安くなった株を買っていきます。下落相場では、業績が変わっていないにも関わらず株価が下がっている株がわんさかあるため、割安な株を買いやすいと言えます。このような時は、素直に割安な株を購入しておき、長期保有で配当・優待やリバウンドを狙うのがよいでしょう。

割安株投資で使えそうな「お買い得な株」を見つける方法

財産価値と収益価値

株には2つの価値があります。それは、「財産価値」と「収益価値」です。まず、これら2つの用語の定義について、復習しておきましょう。

財産価値とは、企業が全ての資産を売却して、負債を返した上で残ったお金がのことです。もし会社が解散したときにも、資産を売却することで、そのお金で負債を返済し、残ったお金を株主に返還することとなるため、財産価値は言い換えるならば「会社の解散価値」とも言うことができます。これを1株あたりで表したものが、「1株あたりの株主資本（BPS、Book-value Per Share）」と呼ばれています。

収益価値とは、お金を使って利益を生み出す能力を指します。企業が1年間で生み出す利益を1株あたりで表したものが、「1株あたりの利益（EPS、Earnings Per Share）」と呼ばれています。

企業の価値は、これら2つの価値によって構成されています。そして、これらの**財産価値（＝目に見える価値）と収益価値（＝目に見えない価値）を足し合わせることで計算することができます。**カンタンに企業価値を算出するためには、左図の計算式に則って計算するのがよいと考えています。

割安な株を見つけたいという方は、この計算方法を使って、今の株価が、企業価値を大きく下回っている企業を探してみてはいかがでしょうか。

株価＝財産価値＋収益価値

財産価値
BPS

収益価値
EPS

株価 ＝ 目に見える価値 ＋ 目に見えない価値

（時価総額）　（1株株主資本）　（1株益 ×10 年分）

企業価値

株価 ×
発行済株式数

（資産 － 負債）

○現金・預金　○借入金
○土地　○社債
○在庫 etc　○買掛金 etc

今後生み出されるであろう利益

これまでに築いた
○ビジネスモデル
○ブランド力
○研究開発
○優秀な人材 etc

目に見えない価値を「5 年分の 1 株益」として計算すると、より厳しく株価を評価できるようになります！

1 株株主資本（BPS）と1あたり利益（EPS）を確認するためには、ヤフーファイナンスをチェックしよう！

POINT
会社の価値は「EPS」と「BPS」で計算できる

ここで紹介した計算方法を使えば、1分もかからずに企業価値を計算することができます。株を買う前には、このようにざっくりと企業価値を知っておき、「明らかに割安でない株」をふるいにかけてしまうことで、短時間で割安な株を見つけられるようになるでしょう。

割安株投資でありがちなミスとその対処法

ありがちなミス① 減収／減益している株

割安株投資では、株式を長期的に保有するのが主であることから、「企業が縮小傾向にある」というのは非常に大きな問題です。たとえ今はPERが10倍の割安株でも、3年後に企業規模が10分の1にまで衰退してしまえば、PERは100倍となり、急激に割高になってしまいます。

この状態を回避するためには、ペグレシオを活用するのがよいでしょう。この指標を使うことで、成長性も加味した上で、割安な株を選べるようになるはずです。

他にも、直近の決算短信を確認するのもよいでしょう。たとえ去年の実績が素晴らしくても、今年から急激に売上が落ち込むということもあり得ます。業績の通期予想だけでなく、決算短信ごとに売上や利益の進捗率は常日頃から確認しておくのがよいでしょう。

ありがちなミス② バリュートラップ中の株

割安株投資の初心者の方は、「PERが小さい」「PBRが小さい」という理由だけで、安直に株を買ってしまう傾向があるのですが、これはあまりよいことではありません。なぜかという言うと、EPSやBPSが過大評価されている企業というのも結構たくさんあるからです。

たとえば商社株は、企業価値の大半が資源ビジネスによって左右されるため、資産価値も資源価値によって大きく左右されるという傾向があります。このように、たとえ割安に見えても、「いつも割安で、株価が上がりにくい」という銘柄もあります。

割安なのに株価が上がらないことを、バリュートラップと言います。

ありがちなミスと対処法

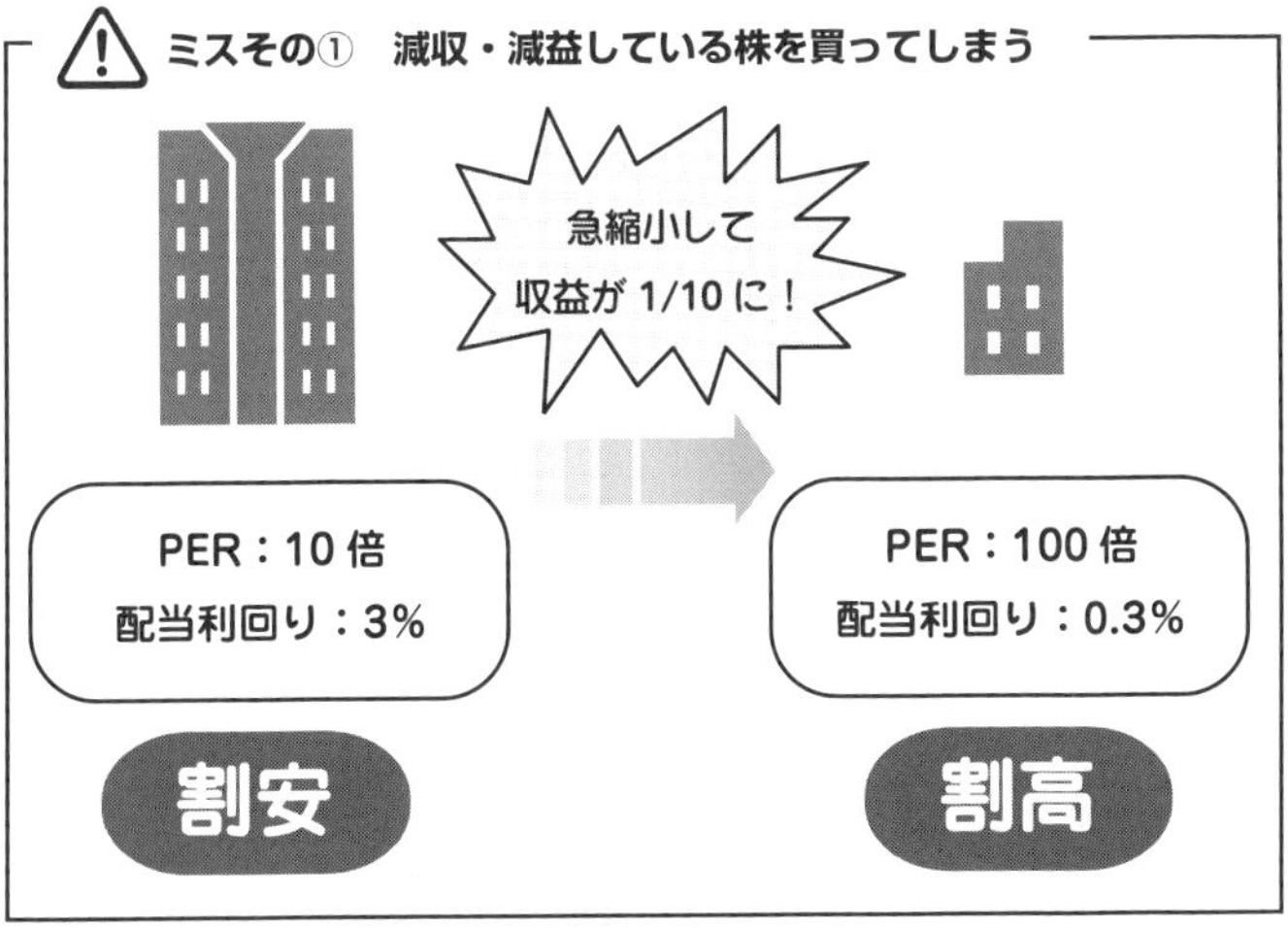

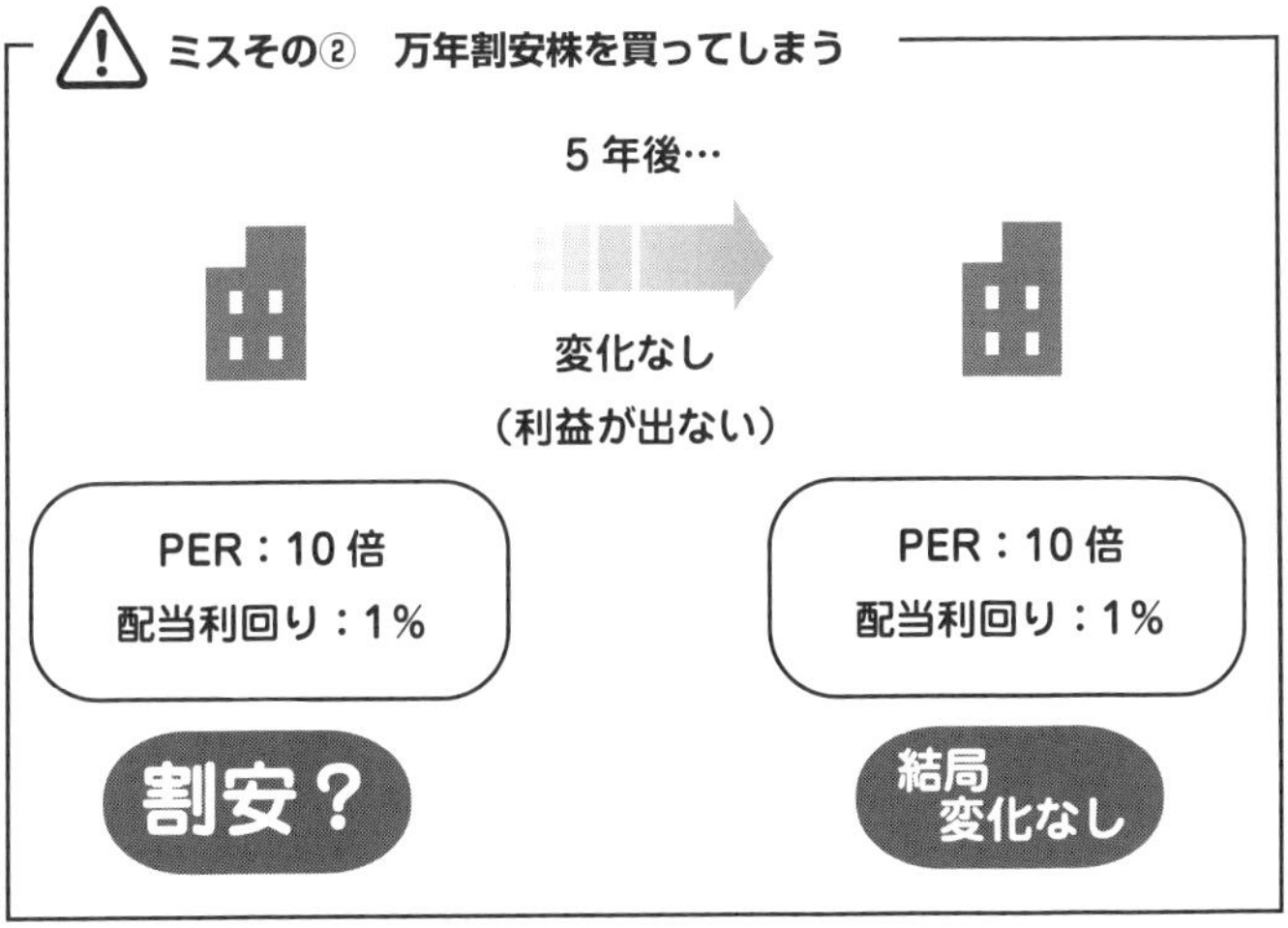

POINT

「エセ割安株」に注意しよう！

割安株投資をしていると、「割安株に見えるけれど、実はそうじゃなかった」ということがよくあります。よって、割安株投資をするときにも、割安感だけでなく、企業の成長性や、業種平均をしっかりと確認しておく必要があります。バリュートラップ（見た目は割安なのに収益が得られないこと）に陥らないためにも、銘柄選びには注意しましょう。

ボックス相場の攻略【押し目買い・循環株投資】

相場に循環性が生まれる

「順張り」と「逆張り」。これらはとても極端な投資法なので、投資家にとっても覚えやすく、印象的な投資法だと言えるでしょう。ですが、安定的に利益を出せる投資法は、何もこの2つの投資法だけではありません。

本項では、この「順張り」と「逆張り」の中間とも言える、押し目買い投資と循環株投資について紹介していきます。

押し目買いとは、「上昇トレンドにある株が急落したときに株を買う」という投資法です。

上昇トレンドを追いかける順張り投資や、下落トレンドに逆らった逆張り投資とは異なり、**押し目買い投資では、「長期的な上昇トレンド」で、「短期的に下落トレンド」な、言わば順張りと逆張りの中間にあたる銘柄を中心に取引**していきます。

順張り投資や逆張り投資で購入する銘柄のように、極端な価格帯にある銘柄はなかなか現れません。ですが、押し目買い投資のように、「高くもなく、安くもない」というような中間の価格帯にある銘柄はわんさかあります。よって、押し目買い投資は、上昇相場でも下落相場でもチャンスがあると考えられており、相場がどっちつかずな値動きをしているときには、とても役に立つ投資法だと言えるでしょう。

循環株投資では、値動きにサイクルのある株を使って、不透明な相場の中でも利益を出せる株を模索していきます。毎年恒例のイベントがある企業は、値動きにも周期性が出てくることが多いことから、相場の動きに一貫性が無いときには循環株投資をするのが効果的でしょう。

「押し目買い」と「循環株」

ボックス相場

**株価が一定期間、箱の中にあるように
一定の範囲を上がったり下がったりする相場。**

相場全体がどっちつかず
→ 循環性のある株が
好まれやすい

循環性のある株を買う
→ 押し目買い投資
→ 循環株投資

ボックス相場

ボックス相場の特徴→投資家はもっともバランスのとれた状態

投資家たちの頭の中 …リスク・リターンのバランスが大切だ
…上がったら株を売りたい
…下がったら株を買いたい

好まれる株 …周期的な値動きをする株や、
中間的な価格帯にある株
…順張り投資・逆張り投資のチャンスが少ないため、
別のアプローチが必要
…大きなイベントがある株は、周期性を
見出しやすく、好まれやすい

POINT

ボックス相場を乗り越えるために…

ボックス相場を上手く乗り越えるためには、あやふやな相場状況でも収益を出しやすい投資法というのを知っておく必要があります。このような状況では、周期性が見られる、「先行きを見通しやすい」株への循環株投資や、順張り投資や逆張り投資を組み合わせた押し目買い投資が効果的です。そこで、次ページからはボックス相場に合った投資法を２つ、具体的にご紹介しましょう。

押し目買いで利益を出すには「価格弾力性」の高い銘柄を探す

価格弾力性とは？

押し目買い投資では、「ここ数ヶ月～数年は、上昇傾向がある銘柄が、急激に下落したとき」に株を買い付けます。勝率が高く、上昇相場や下落相場のように様々な相場状況でも使えることから、使い勝手のよい投資手法だと言えるでしょう。

私は、押し目買い投資で利益を出せるのには、1つの理由があると考えています。それは、「人気なものほど、セールの時にお客さんが殺到する」という法則です。

「いつも値引きされているもの」はいくら値引きされても魅力的に見えず、逆にどんどん価格が上がっているものは、「早く買わなきゃ！」という焦燥感に駆られるものなのです。

そんな焦燥感に駆られているときに、その商品がセールになったら、誰もが欲しがるものでしょう。株でもこの「プレミア感」はあるはずです。

このように、人気な商品ほど、「安くなってもすぐに戻る」という傾向があります。これをマーケティング用語で、「価格弾力性」と言います。

人気なものや注目度の高いものほど、この価格弾力性は高い（価格が少し下がっただけで、買いたい人が大幅に増える）と考えられるのです。人気なほど、値下げしたときには飛びつく人も多く、売り切れやすいですからね。

押し目買いでは、このように「人気がある（上昇トレンドにある）株」が「セールになる（急落する）」ときに、株を買い付けます。すると、あなたが株を買ったあとに、様々な投資家があなたの株を買い、株価を押し上げてくれることが期待できるのです。

価格弾力性の高い株を探せ！

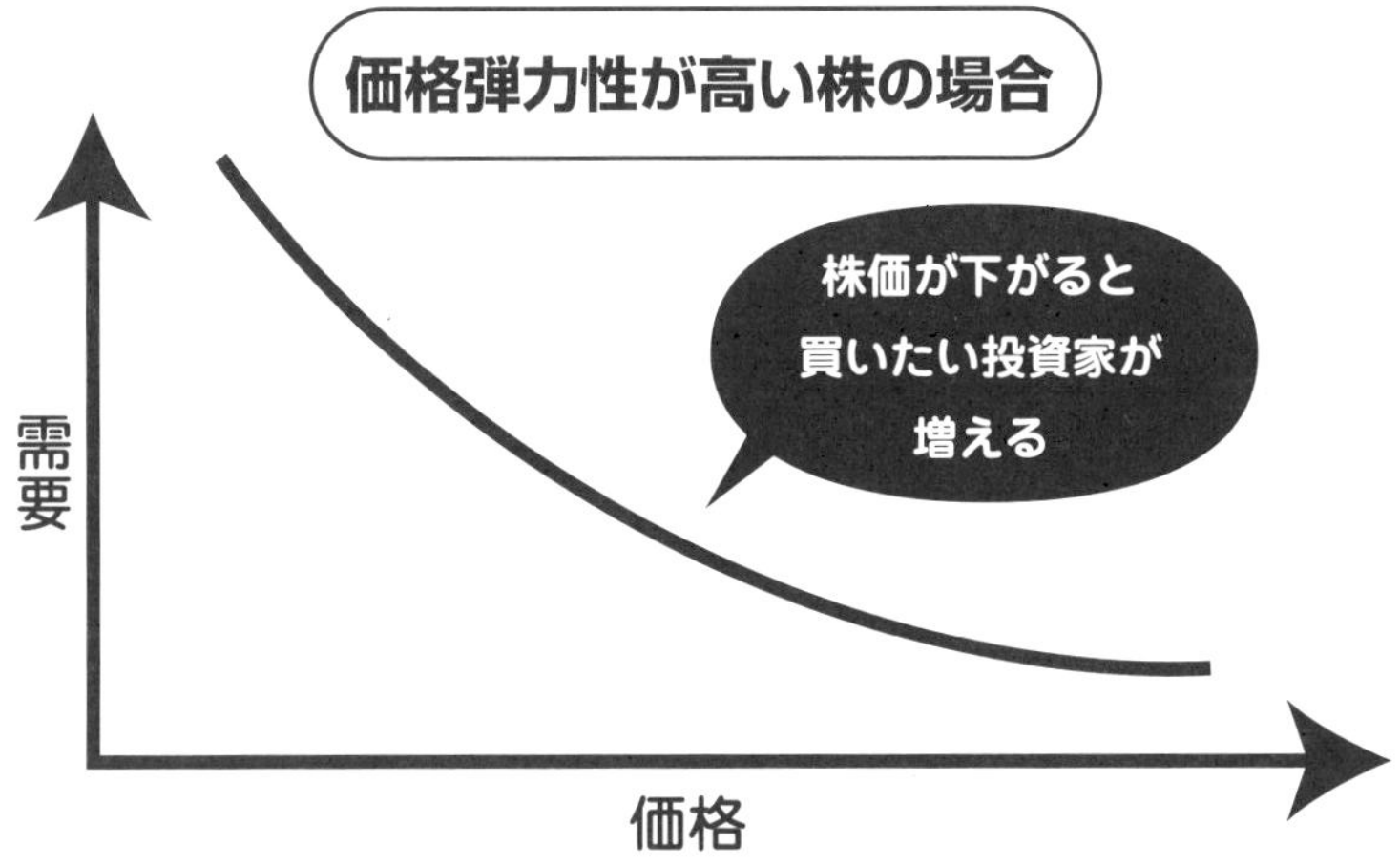

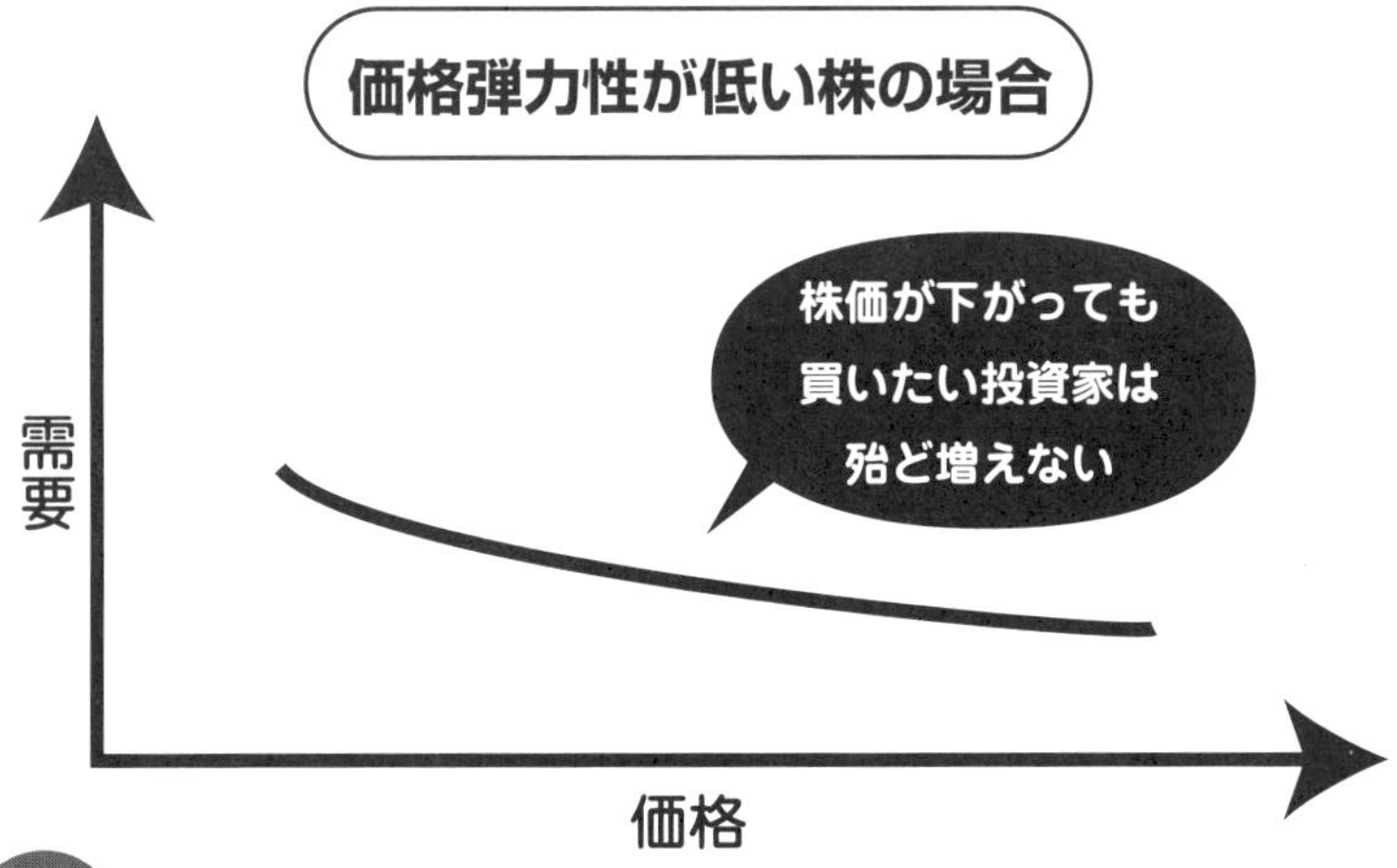

POINT

人気な株ほど価格弾力性が高い

ノンブランドの製品が５０％引きになっても見向きもしないのに、ブランド品が２０％引きになると、気になってしまう…。こんな経験は、誰にでもあるはず。これは、人気なものほど価格弾力性が高く、「ほんの少しの値下げ」でも需要が高まるからです。押し目買い投資では、このような人間心理を巧みに掴むことで、利益を出せる投資法だと言えるでしょう。プレミア感のある株の「急落」を狙うことで、効果的に利益を出せると期待できます。

押し目買い投資に向いている銘柄を探す3つのポイント

株価が急落している

1つ目のポイントは、株価が急落していることです。

株価が大きく下がっていれば下がっているほど、今まで迷っていた投資家が多く株を買い付けられると考えられます。

ここで大切なのは、「急激に下落している」ということです。投資情報サイトでは「急落銘柄ランキング」などを無料で公開していることが多いため、急落した銘柄は資金が流入しやすいと言えるでしょう。

強力なサポートラインがある

2つ目のポイントは、強力なサポートライン（＝下値支持線）があることです。

サポートラインとは、底値圏で下落する値段を支えている価格帯のことをいいます。

図からもわかるように、キリのよい価格では、株を買いたくなる投資家が集中し、結果買い支えが入りやすくなります。

キリのよい数字は、強力なサポートラインがあると期待できます。

出来高が急増していない

3つ目のポイントは、出来高が急増していないことです。出来高が急増している銘柄を買うと、その後に急落する危険が大きいからです。

株価が急落する理由は、「買い手が減って株価が上がりづらくなったから」「売り手が増えて株価が下がりやすくなったから」のどちらかしかありません。出来高が急増しているなら、株を投げ売りしている投資家が急激に増えている「何か危険な材料がある」ということです。

向いている株の3つの共通点

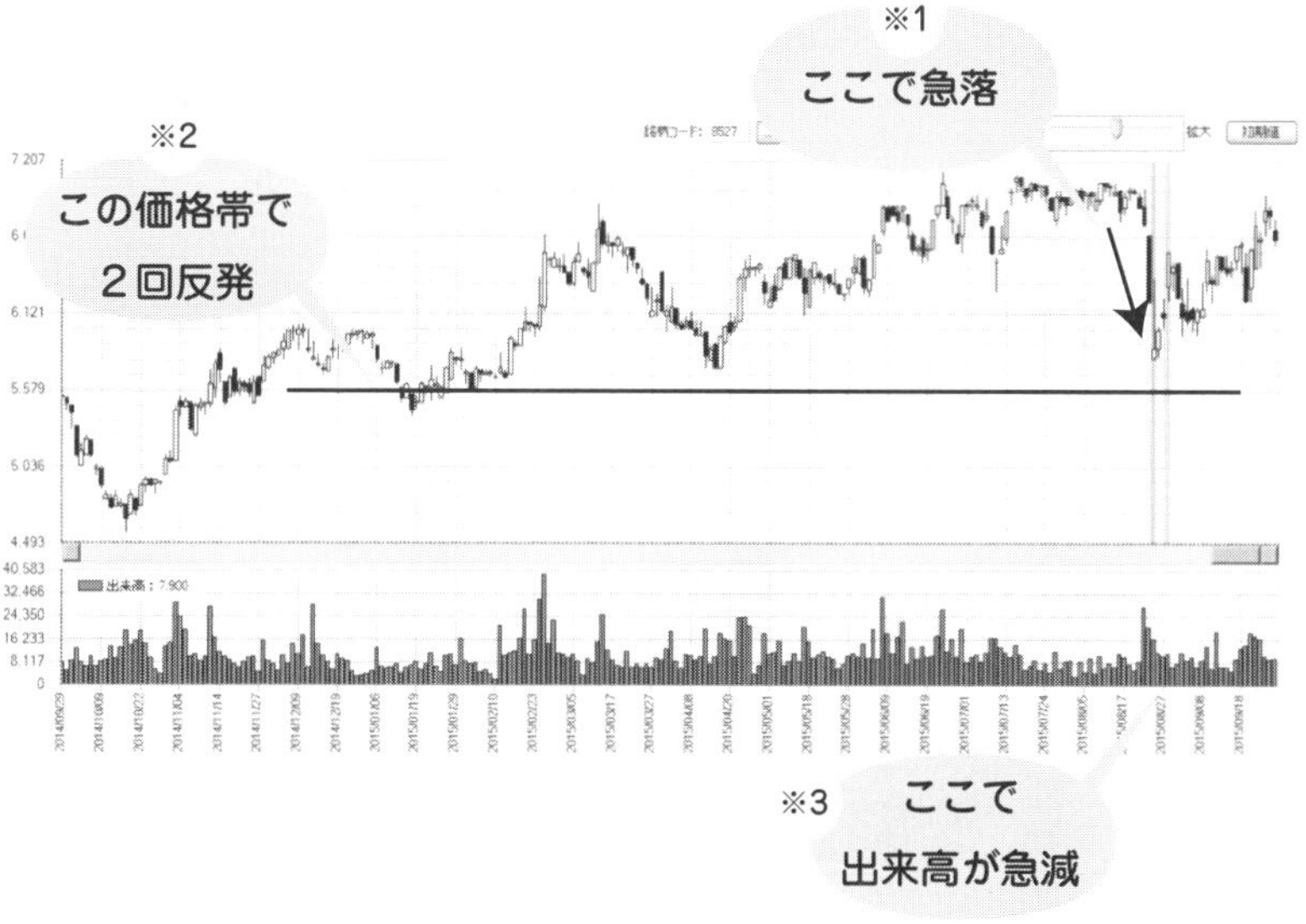

※1 Point1 株価が急落していること

※2 Point2 強力なサポートライン（下値支持線）がある

※3 Point3 出来高が急増していないこと

POINT

3つのポイントを押さえれば安定した利益？

押し目買い投資は、順張り投資や逆張り投資と比べて魅力的な株が見つかりやすく、投資のチャンスが多いのが利点です。これはつまり、押し目買いの方法を知っておくだけでも、チャンスが格段に広がるということ。非常に重要な投資テクニックですので、ぜひ押さえておきましょう。

押し目買い投資でありがちなミスとその対処法

過熱感のある株を買ってしまう

押し目買い投資は、ここ1年間くらい株価が上昇している銘柄が主な投資先になりますが、この時に「株価が上がりきっている銘柄を買ってしまう」というのはNGです。

具体的には、今の株価が年初来安値の4倍以上にまで上昇してしまっていると、買った後に急落するリスクが大きいと言えるでしょう。年初来安値と現在の株価の価格差を確認しておくと、リスクを回避できるようになります。

損切りと利益確定のタイミングを逸してしまう

押し目買いで難しいのは、「利益確定」「損切り」といった、出口のタイミングです。なぜかというと、急落したあとに、株価が反発するまでにかかる時間は銘柄によって全く異なるからです。押し目買い投資では、移動平均線を使った手仕舞いをするのが有効だと考えられます。たとえば、「25日移動平均線まで株価が戻ったら売る」など、柔軟に手仕舞いのタイミングを決められるようにしておくのがよいでしょう。

ストップ安になった銘柄を買ってしまう

押し目買い投資では、「投げ売りされている銘柄」を買うのは禁物です。株式投資において、「恐怖が恐怖を呼ぶ」というのは日常茶飯事です。ですから、「まだまだもっと下がるかも」と思われる銘柄を押し目買いしてしまうと、なかなか利益が出せません。急落している銘柄の中から「まだまだリバウンドしそう」な株を見つけ出し、「これからも下落が続きそうな危険な」株は回避しなければならないのです。

ハイリスクな株には手を出すな！

ミスその① 既に株価が上がりすぎている

強力なサポートラインがあり、株価が急落している株を見つけても、株価が上がりすぎている株を押し目買いするのには危険が伴います。なぜなら、株価が割高過ぎると価格弾力性が弱まるリスクがあるからです。高すぎる株は、たとえ少し急落したところで割安にはならず、見直し買いが入ることもなかなかありません。リバウンドの見込みが薄いため、避けるべきでしょう。

ミスその② 売るタイミングを逸してしまった

押し目買いで難しいのは「売るタイミング」。押し目買い投資をするときには、短期移動平均線を使った利益確定・損切りや、「１０％で利益確定」「１０％で損切り」のように、明確なボーダーを決めておくのが無難です。下手に長期保有するよりも、短期保有で終わらせ、次々に資金を移すというのが効果的な投資法だと言えるでしょう。

ミスその③ 投げ売られている株を買ってしまう

売りが売りを呼ぶ…ということもあるため、ストップ安のように急落し過ぎている株には手を出すべきではありません。また、出来高が急増しながら下落している株は、投げ売られている危険を伴うため、同様に避けるのが無難でしょう。

POINT

マスターすれば得られる恩恵は大きい

押し目買い投資は順張り投資や逆張り投資と比べて、圧倒的に使える頻度が多い投資法です。難易度が高いのが難点ですが、マスターすれば、得られる恩恵は大きく、大きな収益源へと化けるでしょう。株式投資中級～上級者に好まれている手法なため、「いつも利益を出せる投資家」になるための登竜門とも言えます。ぜひ、習得できるまで諦めないで下さい。

循環株投資で利益を出せる理由

循環相場の波に乗れ！

相場全体の流れが読みづらいときには、わざわざ相場の流れに乗ろうとしなくても、利益を出す方法があります。それが、循環株投資です。

　循環株投資とは、景気や季節に応じて周期的な値動きをする循環株に投資をすることを指します。特に、景気循環の影響を受ける株は景気循環株と呼ばれており、鉄鋼・繊維・紙パルプなどの素材関連株や、工作機械などの設備投資関連株が循環株としても有名です。循環株投資の根底にある発想は、「世の中にはサイクルがある」ということです。サイクルは1日単位の超短期なものもあれば、数年〜数十年の超長期サイクルもあり、相場はそのサイクルに合わせて変動している、という考え方です。超短期（1日前後）のサイクルでは、「相場は寄り付きに高く、大引けに安くなりやすい」というものが例として挙げられます。一方、長期（1年前後）のサイクルでは、決算周期や配当、株主優待などを使った循環株投資が例に挙げられるでしょう。

　循環株投資のメリットは2点あります。1つ目は、**買いどきや売りどき、そして休みどきが分かりやすい**という点です。2つ目は、**複雑な分析が一切要らない**という点です。たとえば、様々な株についてくわしく調べてみると、「この株は3月に上がりやすく、7月には下がりやすい」というような傾向を持った株が、いくつも見つけられます。

　このような株は循環性を持っている可能性があります。このように、複雑な分析を一切しなくても、タイミングを見極め、利益につながりやすい株を見つけることができるのです。

すべての株には「サイクル」がある

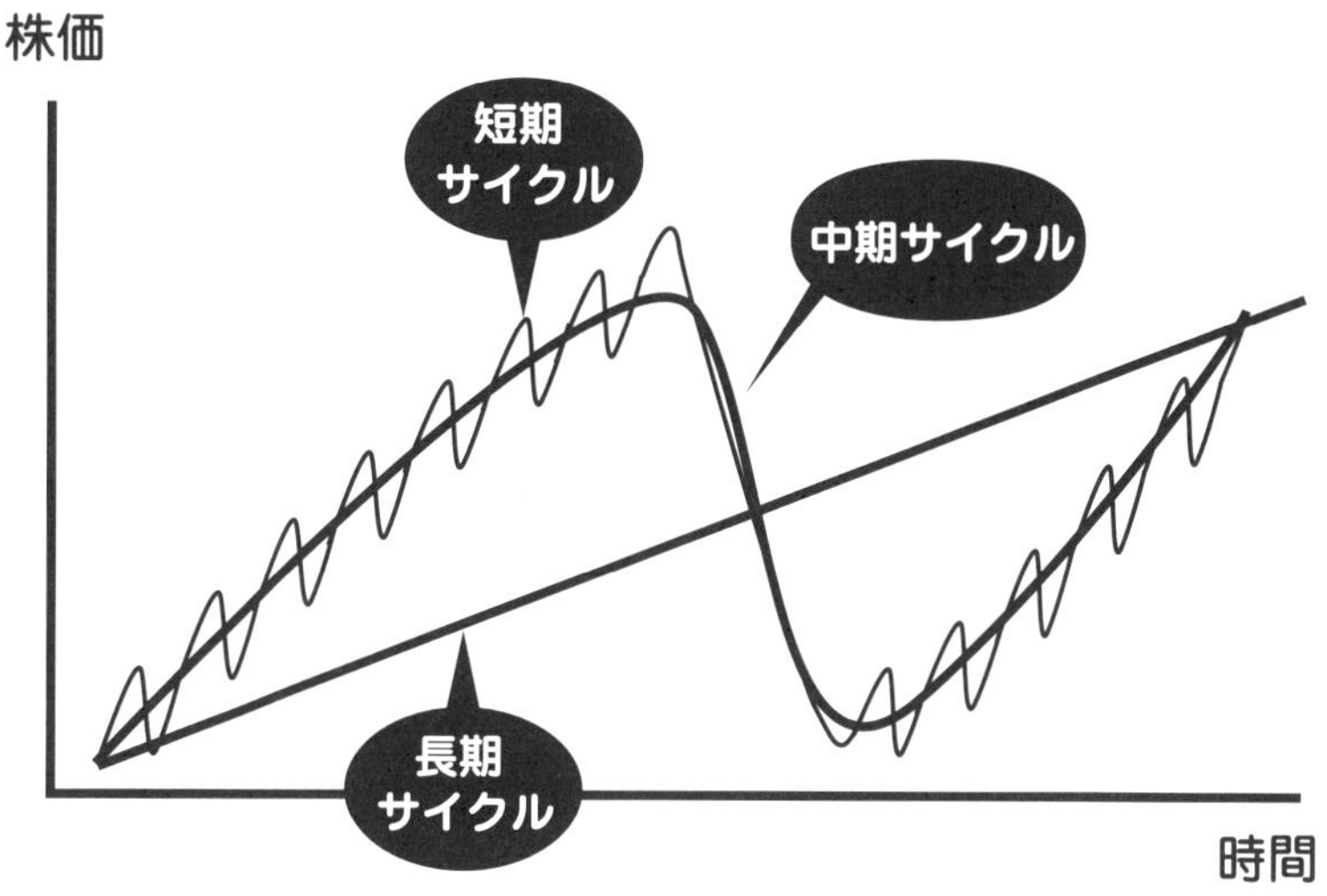

循環株投資の前提

株価の循環サイクルがつかめれば、利益を出せる！

循環株とは？

「値動きのサイクル」が分かりやすい株。株主優待や、売上の波などが明確な株は、株価の動きも連動することが多いことから、「買うと有利なタイミング」や「売っておいた方が良いタイミング」が分かりやすいという特徴があります。

POINT

一番「シンプル」な投資法

循環株投資には、複雑な分析や計算は一切必要ありません。必要なのは、「どのような時期」「どのような価格」で株価が循環しやすいのかを知るということ。周期性のある銘柄を見つけられれば、同じ投資法を繰り返すだけで、定期的に利益を出せるようになるでしょう。シンプルで単純な投資法なので、分析がニガテな人や、時間の無い多忙な方でも利用できる、手軽な投資法だと言えるでしょう。

循環株投資で使えそうな「お買い得な株」を見つける方法

月ごとの傾向と株主優待

循環株投資をするときには、必ず押さえておきたい2つのポイントがあります。それは、次の2点です。

- **月ごとの値動きの傾向**
- **株主優待の時期と、権利確定直前の値動きの傾向**

1点目は、月ごとの値動きの傾向です。株によっては、「値上がりしやすい時期」や「値下がりしやすい時期」が明確に分かれ、収益を出しやすい時期・損失につながりやすい時期を見定めやすい銘柄があります。もちろん、全ての銘柄で傾向が掴める訳ではありませんが、「この時期は、この株がアツい!」という情報を持っているだけで、常に、時期に合ったホットな株に投資できるようになるでしょう。よって、月ごとの傾向を前もって知っておくというのは、収益を増やし、損失を減らすためにはとても効果的な分析だと言えるでしょう。

2点目は、株主優待の時期と、権利確定直前の値動きの傾向です。株主優待などのイベントは、株価の値動きに密接に関わっています。特に、優待が人気な株ほど、権利確定の直前に株が買われやすい傾向があり、値上がりしやすいのです。株主優待も1年中あるイベントですから、銘柄ごとに優待時期を調べ、値動きの傾向を知っておくだけでも、大きなヒントになるでしょう。

以上の2点は、循環株投資には必要不可欠とも言えるポイントです。本書では、この2点についてPART3～PART4で詳しくご紹介します。この2つの章を参考にすれば、時期に合わせて、利益につながりやすい銘柄が見つかると思いますよ。

傾向とイベントを覚えておこう！

方法その①　月ごとの傾向を掴む

循環株の例：トヨタ自動車（調査期間 1990 年 3 月〜2015 年 9 月）

1月	2月	3月	4月	5月	6月	7月	8月	9月	10月	11月	12月
強い下落	上昇	上昇	強い上昇	下落		下落	下落		強い下落		強い上昇

トヨタの株価が一番あがりやすいのは 12 月

トヨタに投資をするなら、12 月が狙い目！

方法その②　配当・株主優待の権利確定時期を知っておく

株主優待が人気な株の例：きんえい（調査期間 1990 年 3 月〜2015 年 9 月）

1月	2月	3月	4月	5月	6月	7月	8月	9月	10月	11月	12月
上昇	強い下落		強い上昇	強い上昇	強い上昇	強い下落	強い下落	強い下落	強い上昇	強い上昇	上昇
優待権利確定						優待権利確定					

きんえいの株価が一番あがりやすいのは優待権利確定の 1 〜 2 ヶ月前

きんえいに投資をするなら、優待権利確定の 1 〜 2 ヶ月前が狙い目！

POINT

月ごとの傾向は、今すぐにでも使える！

過去のチャートを集めるだけで、銘柄ごとに上がりやすい時期 / 下がりやすい時期 などの、特性をカンタンに調べることができます。上図のようにトヨタ自動車やきんえいは、株価の動きに周期性のある最たる例だと言えるでしょう。このような銘柄は、値動きの先読みがしやすいことから、安全かつ確実に収益につながると期待できます。次章では、月ごとの銘柄動向についてもまとめていますので、ぜひ参照してみて下さいね。

循環株投資でありがちなミスとその対処法

ありがちなミスその①欲張って高値掴みする

循環株には、「底値」や「高値」を予想しやすいという特徴があります。循環株投資では、循環しても利益が出しにくいタイミングでは、株を買うべきではないでしょう。たとえば、「1000円でいつも反発／1500円でいつも反落する」という株があるとします。この例で「1300円で買う」というのは、非常に危険な行為です。なぜなら、「1000円までの下落余地がある」のに、「1500円までしか上昇余地がない」ということは、上昇余地は200円、下落余地は300円。この状況で株を買うというのは不利になります。株価が循環しても利益が出しにくいときには、投資をすべきタイミングではありません。

ありがちなミスその②早過ぎる・遅すぎる

循環株の中には、「○月になると株価が上がりやすい」というタイミングがあるものも多くあります。ですから、投資すべきタイミングは明らかです。にもかかわらず、「1ヶ月早いけど（遅いけど）買おう」と欲張るのは大問題。

まず、株を買うタイミングが早過ぎると、利益を出すためには所定の時期まで待たなければなりません。待っている時間も資金は拘束されていますから、結果的に、他の魅力的な株に投資できなくなり、機会損失につながってしまうのです。一方、株を買うタイミングが遅すぎると、そもそも利益が出せません。既に上がりきった株を買うことになりますから、高値づかみの恐れが高まってしまいます。循環株投資では少しでもタイミングが違うようならば、見送ってしまうのがよいでしょう。

循環性を無視してしまうと…

⚠ ミスその① 欲張って高値掴みする

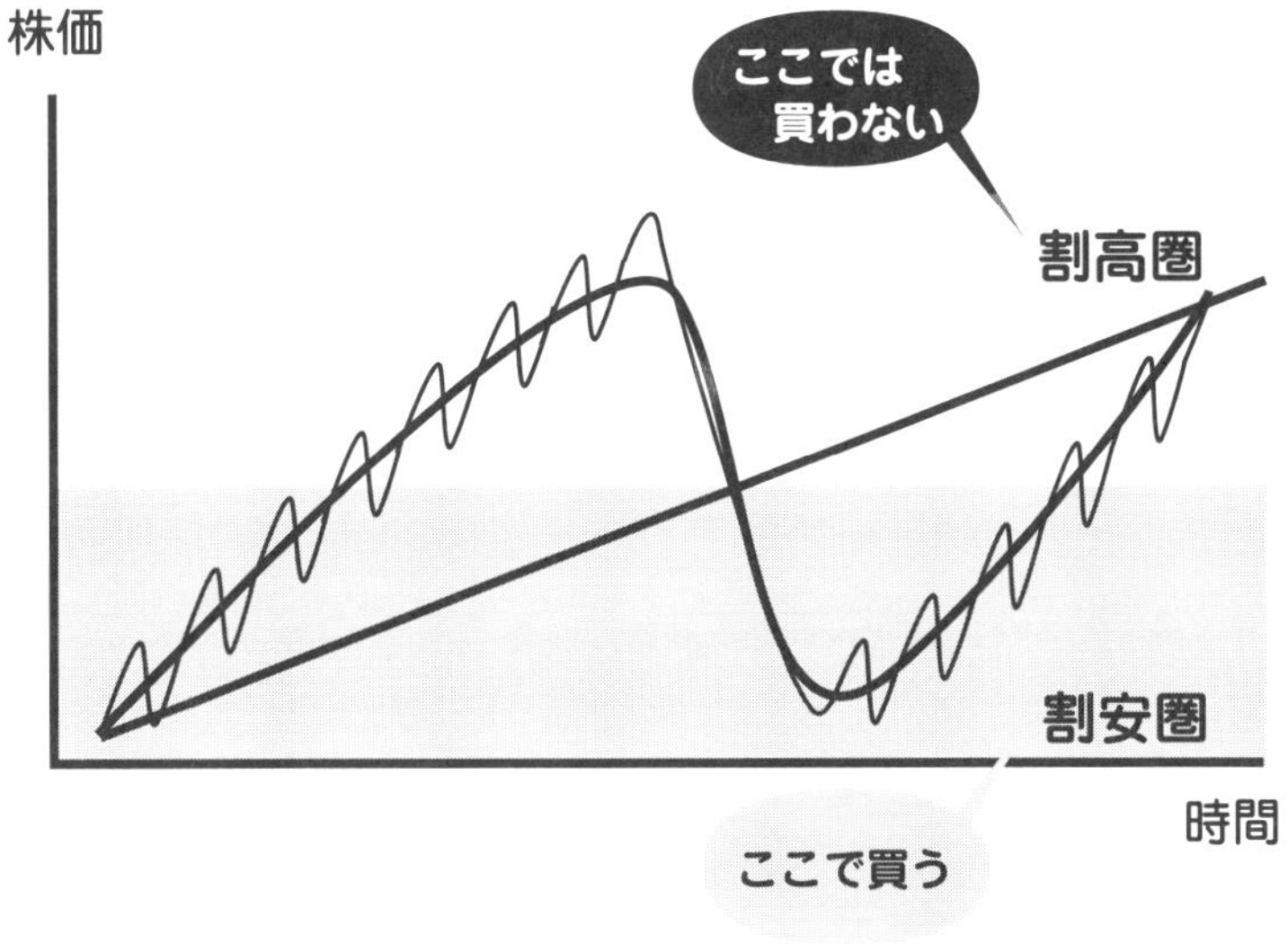

⚠ ミスその② 投資のタイミングが早すぎる・遅すぎる

1月	2月	3月	4月	5月	6月	7月	8月	9月	10月	11月	12月
上昇	強い下落		強い上昇	強い上昇	強い上昇	強い下落	強い下落	強い下落	強い上昇	強い上昇	上昇

ここで買う

ここでは買わない

POINT

循環株投資では、「サイクル」は絶対

循環株投資ではサイクルが成功のカギを握る最も大切なポイントです。循環性が明らかになった株への投資をするときには、きちんとそのサイクルに則った取引をするようにしましょう。そうでないと、収益につながりやすい投資はできず、無意味にリスクが高く、危険な取引をすることになってしまいます。循環株投資において、サイクルは絶対。この点を、しっかりと頭に入れておきましょう。

すべての相場で利益を出せる投資法まとめ

すべての投資法を正しい4W2Hで使おう

この章では株2年生のうちに知っておきたい、基本となる6つの投資スタイルを紹介してきました。

上昇相場での順張り投資
上昇相場での成長株投資
下落相場での逆張り投資
下落相場での割安株投資
ボックス相場での押し目買い投資
ボックス相場での循環株投資

それぞれの投資テクニックは上昇相場や下落相場など、得意な分野は全く異なります。それぞれの投資スタイルに適した「4W2H」を表にまとめましたので、ぜひ参考にしてください。

左の表を参考にして投資を続けることで、あなたは適切なタイミングで、適した銘柄を、適した株数だけ、売買できるようになるはずです。また、間違えた使い方をする心配もなくなりますから、破産してしまうようなヘマも無くなるでしょう。

このように、「4W2H」を押さえて、投資法の使いどきや、適切な銘柄の探し方を知っておくことで、目的に合わない「あべこべな」投資をすることが無くなります。

投資手法によって適切な「4W2H」は変わります。あなたがオリジナルで投資法を編み出すときには、左の表のように、「4W2H」を明確にして、最適な状況で投資してください。もし、この「4W2H」の図を正しく設計し、実運用に役立てられれば、それだけで精度が高く・利益につながりやすい投資ができるようになるでしょう。

6つの投資法の完全攻略

	順張り投資	成長株投資	逆張り投資	割安株投資	押し目買い投資	循環株投資
Why	狼狽買いが見込める	将来的に割安になる	割安感が高い	配当などを効率的に受け取れる	見直し買いが入りやすい	値動きにはサイクルがある
Where	手数料の安いところ					
How	保有期間が長いため、現物取引が無難	保有期間が長いため、現物取引が無難	保有期間が長いため、現物取引が無難	保有期間が長いため、現物取引が無難 信用取引では株主優待の受け取り不可	保有期間が短いため、信用取引でもOK	場合によるため、状況に応じて使い分ける
When	上値をブレイクしたとき	上方修正が発表される直前	株価が急落したとき	株価が急落したとき	上昇していた株価が反落したとき	上昇サイクルに入る直前
What	上値の軽いIT系やベンチャーが有力	業績が大きく改善される見込みが高い銘柄、通期に対する業績の進捗率の高い銘柄	下値が限定されている、ディフェンシブ株	インフラ系など、企業価値が失われにくいもの	強力なサポートラインがあり、投げ売りされていないもの	値動きに周期性の高い、設備投資系や、優待人気の高い株
How much	少なめの資金を、他種類の株に振り分ける	少なめの資金を、他種類の株に振り分ける	基本は分散。目立った悪材料が無い大企業の場合は集中投資OK	下値が制限されているため、ある程度の集中投資もOK	下値割れのリスクがあるため、できるだけ多く分散する	保有期間が長い場合は、分散を増やす。保有期間が短い場合はリスクが小さいため集中投資してもOK

POINT

これら6つ以外の投資法も…？

ここまでで紹介したのは、投資家として覚えておきたい最低限の知識。ここにある知識をすべて使いこなせるようになってはじめて、「一人前の投資家」と言えるでしょう。更に上を目指したいという方は、利益をだすための4W 2Hの組み合わせを、新しく編み出す必要があります。その方法については、PART5でご紹介します。

column

特別配当という罠に注意、その対策には…。

割安株投資（P66〜73）について、少しだけ補足があります。配当利回りを計算するときには「特別配当」というものに注意しましょう。特別配当は「創立○○年記念」などのイベントで配られることが多く、その影響で配当利回りが極端に高くなることがあります。しかし、このような配当は何度も続く見込みは薄いため、配当利回りの計算に含めるのは不適切です。しかし、無料の情報サイトでは、配当利回りの計算に、この特別配当が含まれている危険性があります。この罠にはまると、「配当利回りが3%と書いてあったのに、実は配当予定では利回りが0.5%しかなかった」となるおそれがあります。ですから、あなたが株を買う前には、必ず配当利回りを自分でも計算するようにしましょう。公式で発表されている予定配当額などを決算書から探し、可能なかぎり信ぴょう性の高いデータを使うことで、このようなリスクを回避できるようになるでしょう。

PART 3 学習編

株2年生のためのカレンダー
株式市場の傾向と対策

本章の内容は、月の初めに株式を購入する → 25日保有したら、翌日に手仕舞う、という検証で、特に成績の良かった銘柄を紹介しています。

1月相場の傾向と対策
上がりやすい／下がりやすい業種銘柄

小型株ほど人気

1月の日本株市場は、年明けということで、じっくりと銘柄を吟味する時間がとれることもあり、個人投資家によって、株が買われやすい時期として知られています。特に、12月には海外投資家によるタックス・ロス・セリング（＝節税のための損切り）によるポジションの整理が頻繁に行われますが、1月に入ってからは改めて新規ポジションを建てようという投資家も増えやすく、株が盛んに買われる時期と考えられるでしょう。

1月相場の特徴としては、やはり、「上昇傾向の強い銘柄が多い」ということです。前述のように、1月に入ってからは改めて株式を購入する投資家が増える傾向があります。これが起因となったのか、統計的にも、1月は上昇傾向が強いということが分かっています。

また、1月にぜひ注目しておきたいのが、第3四半期決算の発表です。1月の下旬からは第3四半期決算の発表をする企業が増えてきますので、好決算となりそうな企業を見極めて、上手く上昇を掴みたいところです。

以上のように、1月には、年末にかけて息を潜めていた投資家達が本格的に買い物を始める時期なのだと考えられます。上昇傾向が強い時期なので、株式投資が始めての方や、初心者の方にとっては利益を出しやすい時期としても期待できるでしょう。

では、そんな1月に、上手く投資するためには、どんな銘柄に注目すればよいのでしょうか？

具体的な傾向については左ページをご覧ください。

1月の相場を徹底的に解析！

1月に上がりやすい業種 TOP3

1. 空運（例：ANA ホールディングス）
2. 繊維（例：東洋紡）
3. 輸送用機器（例：富士重工業）

1月に下がりやすい業種 WORST3

1. 電力（例：東京電力）
2. 石油（例：昭和シェル石油）
3. 小売業（例：セブン＆アイ HD)

（※カッコ内は業種内でも特に傾向の強かった銘柄）

1月に上がりやすい銘柄 TOP10

1. パーク 24（不動産）
2. アマダＨＤ（機械）
3. 日本テレビＨＤ（情報・通信）

4位 沢井製薬（医薬品）
5位 テンプＨＤ（サービス）
6位 三井物産（卸売）
7位 富士重工業（輸送用機器）
8位 シチズンＨＤ（精密機器）
9位 小野薬品工業（医薬品）
10位 東洋紡（繊維）

1月に下がりやすい銘柄 WORST10

1. コナミ（情報・通信）
2. ＮＴＴデータ（情報・通信）
3. コカ・コーラウエスト（食料品）

4位 スタートトゥデイ（小売業）
5位 ＳＭＣ（機械）
6位 東燃ゼネラル（石油・石炭）
7位 しまむら（小売）
8位 エーザイ（医薬品）
9位 群馬銀行（銀行）
10位 カシオ計算機（電気機器）

（※カッコ内は 2015 年９月時点の業種）

データ集計期間：1990 年 3 月 1 日～2015 年 6 月 30 日

POINT

1月の相場を攻略するときの３つのポイント！

・３月決算の会社は第３四半期決算の発表を１月の下旬ごろから始める
・一部の個人投資家が正月休みに入るため、短期投資が活発になる。特に、小型株が物色されやすい
・大型株への物色は起こりづらく、横ばい～やや下落となる傾向がある

2月相場の傾向と対策
上がりやすい／下がりやすい業種銘柄

優待狙いの買いが殺到

2月の日本株市場は、過去のデータを突き詰めて調べていくと、1月よりも、もっと上昇傾向が強い時期であるということが分かっています。

ここまで強力な上昇傾向がある要因としては、「配当」や「株主優待」といった、株主還元が3月末に権利確定する企業が多いからだと考えられます。

特に、機関投資家や外国人投資家などは、利回りをシビアに計算する傾向があることから、高配当な企業を好んで買うと考えられます。逆に、優待関係は、機関投資家にとっては利益に計上しづらく、外国人投資家にとっても役立たないケースも目立つことから、大きな判断材料にはなりづらいでしょう。

個人投資家にとっては、優待は非常に嬉しいものですから、好んで買うという方は少なくありません。ときには、優待だけでも利回りが10%近くになる銘柄もありますから、ぜひ探してみて下さい。

以上のように2月には配当や株主優待を狙って、機関投資家や外国人投資家、そして個人投資家が株を買いやすい時期なのだと考えられます。

上昇傾向が非常に強い時期なので、株式投資が初めての方や、初心者の方にとっては利益を出しやすい時期としても期待できるでしょう。

では、そんな2月に、上手く投資するためには、どんな銘柄に注目すればよいのでしょうか?

具体的な傾向については左ページをご覧ください。

2月の相場を徹底的に解析！

2月に上がりやすい業種 TOP3

1 鉱業
（例：国際石油開発帝石）

2 ゴム
（例：横浜ゴム）

3 保険
（例：MS＆ADインシュアランス）

2月に下がりやすい業種 WORST3

1 水産
（例：マルハニチロ）

2 建設
（例：鹿島建設）

3 繊維
（例：ユニチカ）

（※カッコ内は業種内でも特に傾向の強かった銘柄）

2月に上がりやすい銘柄 TOP10

1 JXホールディングス（石炭・石油）

2 ダスキン（サービス）

3 科研製薬（医薬品）

4位 MS＆ADインシュアランス（保険）

5位 電源開発（電気・ガス）

6位 ホシザキ電機（機械）

7位 三井住友トラストHD（銀行）

8位 ノーリツ（金属製品）

9位 横浜ゴム（ゴム）

10位 オークマ（機械）

2月に下がりやすい銘柄 WORST10

1 コロプラ（情報・通信）

2 伊藤忠テクノ（情報・通信）

3 日立キャピタル（その他金融）

4位 横浜銀行（銀行）

5位 大成建設（建設）

6位 鹿島建設（建設）

7位 キッコーマン（食料品）

8位 イオンモール（不動産）

9位 アイフル（その他金融）

10位 フジ・メディアHD（情報・通信）

（※カッコ内は2015年9月時点の業種）

データ集計期間：1990年3月1日〜2015年6月30日

POINT

2月相場を攻略するときの3つのポイント！

- 3月末の株主優待や配当を目当てに株を買う投資家が急増するため、相場全体が上がりやすい
- 株主優待や配当の利回りが高い銘柄ほど注目されやすいため、大きな株価上昇が期待できる
- 3月決算の会社は第3四半期決算の発表を続ける

3月相場の傾向と対策
上がりやすい／下がりやすい業種銘柄

相場全体が上昇傾向

3月の日本株市場は、1月や2月に引き続いて上昇傾向が強いことで知られています。過去のデータを突き詰めて調べていくと、1月と2月よりも、もっと上昇傾向が強い時期であるということが分かっています。

ここまで強力な上昇傾向がある要因としては、「配当」や「株主優待」といった、株主還元が3月末に権利確定する企業が多いからだと考えられます。

配当や優待を確実に手に入れるために、今まで手控えていた投資家たちが、高配当な銘柄や、好優待な株を仕込みはじめるのでしょう。特に、個人投資家の中でも、長期保有を前提としている方は、この時期に株主優待を目当てに株を買うケースが多いです。

一方、機関投資家は3月決算が控えていることから、「決算をお化粧するための利益確定」が行われる可能性があります。2月末〜3月上旬にかけてポジションを整理することが考えられるため、大口投資家の動向には、気を配っておくのがよいでしょう。

以上のように、3月には、配当や株主優待を狙って、個人投資家が株を買いやすい時期なのだと考えられます。上昇傾向が非常に強い時期なので、株式投資が初めての方や、初心者の方にとっては利益を出しやすい時期としても期待できるでしょう。では、そんな3月に、上手く投資するためには、どんな銘柄に注目すればよいのでしょうか？

具体的な傾向については左ページをご覧ください。

３月の相場を徹底的に解析！

３月に上がりやすい業種 TOP3

1. 陸運（例：日本通運）
2. 倉庫（例：三菱倉庫）
3. 鉄道・バス（例：小田急電鉄）

３月に下がりやすい業種 WORST3

1. 電力（例：関西電力）
2. 鉱業（例：国際石油開発帝石）
3. 鉄鋼（例：ＪＦＥホールディングス）

（※カッコ内は業種内でも特に傾向の強かった銘柄）

３月に上がりやすい銘柄 TOP10

1. ＴＳＩホールディングス（繊維製品）
2. 紀陽銀行（銀行）
3. 日本梱包運輸倉庫（陸運）

4位 三越伊勢丹ＨＤ（小売）
5位 フジ・メディアＨＤ（情報・通信）
6位 日本通運（陸運）
7位 住友ゴム工業（ゴム製品）
8位 ＡＤＥＫＡ（化学）
9位 リンナイ（金属製品）
10位 名古屋鉄道（陸運）

３月に下がりやすい銘柄 WORST10

1. コムシスＨＤ（建設）
2. コスモス薬品（小売）
3. ＪＸホールディングス（石油・石炭）

4位 第一生命保険（保険）
5位 松竹情報・通信）
6位 ＪＦＥホールディングス（鉄鋼）
7位 ＳＡＮＫＹＯ（機械）
8位 ニコン（精密機器）
9位 三菱マテリアル（非鉄金属）
10位 ウシオ電機（電気機器）

（※カッコ内は2015年９月時点の業種）

データ集計期間：1990年３月１日〜2015年６月30日

POINT

３月相場を攻略するときの３つのポイント！

・２月に引き続き、株主優待や配当目当てに株を買う投資家が多く、相場全体が上がりやすい
・配当・優待権利が迫っていることもあり、慌てて株を購入する個人投資家が多い
・機関投資家は決算対策として利益確定の売り注文を出しやすい

4月相場の傾向と対策
上がりやすい／下がりやすい業種銘柄

最も上昇傾向の強い月

4月の日本株市場は、1月〜3月に引き続いて上昇傾向が強いことで知られています。過去のデータを突き詰めて調べていくと、**4月は1年の中でも最も上昇傾向の強い1ヶ月**であることが分かっています。

ここまで強力な上昇傾向がある要因としては、2つの理由があると考えられます。

まず、1つ目の理由は、「配当／株主優待の権利確定が終わったあとで、3月末に株式が売られやすい」という点が挙げられます。権利確定後の売りによって、株価が急落し、4月に入るまでに割安な状態になる株式が増える可能性があるでしょう。これにより、4月中に割安な株が物色されたり、見直し買いが入りやすい状況になっていると考えられます。

2つ目の理由は、「新年度に入ったことから、機関投資家に新たな運用資金が入りやすい」という点が挙げられます。生損保や、投資信託などの機関投資家は、新年度となることもあり、運用資金が増えたり、3月の決算対策の状態が解けて新たな動きへと乗り出す傾向が見られます。これにより、買いが集まりやすいという可能性があるでしょう。

以上の2点が要因となり、4月は1年間の中でも最も株価が上昇しやすい月であると考えられます。よって、上昇傾向の強い相場の中でも、特に上昇傾向の強い銘柄を見つけ出すことで、効率的に資産を運用できると期待できます。

では、4月に、上手く投資するためには、どんな銘柄に注目すればよいのでしょうか？

具体的な傾向については左ページをご覧ください。

4月の相場を徹底的に解析！

4月に上がりやすい業種 TOP3

1. 造船（例：三井造船）
2. 石油（例：昭和シェル石油）
3. ゴム（例：ブリヂストン）

4月に下がりやすい業種 WORST3

1. 倉庫（例：三菱倉庫）
2. 空運（例：ANA ホールディングス）
3. 鉄道・バス（例：小田急電鉄）

（※カッコ内は業種内でも特に傾向の強かった銘柄）

4月に上がりやすい銘柄 TOP10

1. 良品計画（小売）
2. キヤノン（電気機器）
3. しまむら（小売）

4位 イオンＦＳ（その他金融）
5位 日新製鋼（鉄鋼）
6位 三越伊勢丹ＨＤ（小売）
7位 日本軽金属ＨＤ（非鉄金属）
8位 ファナック（電気機器）
9位 日東電工（化学）
10位 京セラ（電気機器）

4月に下がりやすい銘柄 WORST10

1. 明治ＨＤ（食料品）
2. 池田泉州ＨＤ（銀行）
3. 紀陽銀行（銀行）

4位 大垣共立銀行（銀行）
5位 南海鉄道銀行（陸運）
6位 相鉄ＨＤ（陸運）
7位 四国電力（電力）
8位 中国電力（電力）
9位 コナミ（情報・通信）
10位 大正製薬ＨＤ（医薬品）

（※カッコ内は2015年9月時点の業種）

データ集計期間：1990年3月1日～2015年6月30日

POINT

4月相場を攻略するときの３つのポイント！

・３月末の配当・優待権利確定直後に急落した株は、割安となりやすい
・新年度に入り、機関投資家に新たな運用資金が割り当てられ、新規買いが生じやすい
・下旬から本決算の発表が本格化するため、決算を意識した取引が活発化する

5月相場の傾向と対策
上がりやすい／下がりやすい業種銘柄

決算発表を控え様子見

5月相場というと、どっちつかずの値動きで有名ですね。なぜかというと、この時期は、「企業の本決算が発表される直前だから」だと考えられます。

決算発表の直前には、「もしかすると想定と違う決算が出るかもしれない」と、投資家の間では、様子見ムードが強まる傾向があります。

5月の下旬からは本決算の発表などが盛んに行われますから、5月中は、「様子見して、株を買わない」という投資家が多いってことなんですね。

一方、決算発表がされた後には、業績が良かった銘柄には買いが集まる傾向があります。

特に想定外の決算をした企業には、好決算な場合には買いが集中し、逆に決算が良くない場合には、損切り／利益確定が集中しやすいと言えるでしょう。

また、目立つ決算をした企業がある場合は、同業種の銘柄（＝似たような決算を出しやすい企業）にも注目が集まります。連想買いなどが頻繁に起こる時期ですので、1つの銘柄だけでなく、その周辺の企業分析も進めておくと、利益を出しやすくなるでしょう。

また、5月は例年、目立った材料がありません。**他に材料が無い分、目立った材料株は相対的に注目を集めやすくなりますので、ＩＰＯ株やテーマ株は急騰しやすい時期**とも言えるでしょう。

大当たりを狙う方は、材料株を考慮してみるとよいかもしれません。

5月の相場を徹底的に解析！

5月に上がりやすい業種 TOP3

1. 水産（例：マルハニチロ）
2. 海運（例：商戦三井）
3. 食品（例：アサヒグループ）

5月に下がりやすい業種 WORST3

1. 倉庫（例：三菱倉庫）
2. 空運（例：ANA ホールディングス）
3. 鉄道・バス（例：小田急電鉄）

（※カッコ内は業種内でも特に傾向の強かった銘柄）

5月に上がりやすい銘柄 TOP10

1. 日本軽金属ＨＤ（非鉄金属）
2. 大東建託（建設）
3. ゼンショーＨＤ（小売）

4位 リンナイ（金属製品）
5位 住友林業（建設）
6位 日本精工（機械）
7位 ロート製薬（医薬品）
8位 関西ペイント（化学）
9位 東急不動産ＨＤ（不動産）
10位 紀陽銀行（銀行）

5月に下がりやすい銘柄 WORST10

1. 大塚ＨＤ（医薬品）
2. 三菱倉庫（倉庫運輸）
3. フジ・メディアＨＤ（情報・通信）

4位 ヤフー（サービス）
5位 新生銀行（銀行）
6位 デンソー（輸送用機器）
7位 東芝（電気機器）
8位 山崎製パン（食料品）
9位 日本電気硝子（ガラス・土石）
10位 横河電機（電気機器）

（※カッコ内は 2015 年 9 月時点の業種）

データ集計期間：1990 年 3 月 1 日～2015 年 6 月 30 日

POINT

5月相場を攻略するときの３つのポイント！

・３月決算企業の本決算の発表が本格化する
・決算発表後は株価が急変しやすく、リスク回避のため様子見する投資家が増える
・外国人投資家が運用するヘッジファンドが解約期間に入り、売りが強まりやすい

6月相場の傾向と対策
上がりやすい／下がりやすい業種銘柄

決算を踏まえた取引が活発化

6月相場は、5月相場に引き続き、本決算の発表が行われる時期です。そのため、本決算の結果によって大きく株価が左右される傾向がある時期とも考えられるでしょう。その中でも、以下の2つに当てはまる銘柄は格段に注目度が高まります。

- **予想以上に決算が良かった銘柄**
- **予想以上に決算が悪かった銘柄**

これらの銘柄には、「決算が良かったんだから買おう」「決算が悪かったんだから売ろう」というように、出遅れている投資家達が決算を参考にして投資を始める時期とも言えるでしょう。

ただし、ここで難しいのは、**「予想以上に」**というところです。

もし、市場が好決算を期待していたら、どんなに決算が良くても、予想どおりならば株価に変化は現れません。むしろ、「まあ、そんなもんだろう」という反応をされてしまい、特に利益につながらないのです。

更には、決算が良くても、「期待よりも悪かった」というのでは、好決算の発表ですら悪材料になってしまうこともあります。それこそ、「材料が出尽くしたから、利益確定してしまおう」という投資家が現れ、好決算にも関わらず、株価はズルズルと下がっていくということもあり得る訳です。

ここで重要なのは、「市場は、その企業の決算をどれくらいのものとして想定しているのか？」という点。好決算となりそうな銘柄でも、もともと期待されていた銘柄であれば、なかなか値上がりにはつながりません。

6月の相場を徹底的に解析！

6月に上がりやすい業種 TOP3

1 サービス（例：電通）
2 自動車（例：三菱自動車工業）
3 通信（例：NTTデータ）

6月に下がりやすい業種 WORST3

1 倉庫（例：三菱倉庫）
2 空運（例：ANA ホールディングス）
3 鉄道・バス（例：小田急電鉄）

（※カッコ内は業種内でも特に傾向の強かった銘柄）

6月に上がりやすい銘柄 TOP10

1 明治ＨＤ（食料品）
2 コムシスＨＤ（建設）
3 ポーラ・オルビスＨＤ（化学）
4位 カルビー（食料品）
5位 大氣社（建設）
6位 小林製薬（化学）
7位 カカクコム（サービス）
8位 大正製薬ＨＤ（医薬品）
9位 エクセディ（輸送用機器）
10位 テンプＨＤ（サービス）

6月に下がりやすい銘柄 WORST10

1 日本郵船（海運）
2 出光興産（石油・石炭）
3 ＪＸホールディングス（石油・石炭）
4位 第一生命保険（サービス）
5位 住友金属鉱山（非鉄金属）
6位 相鉄ＨＤ（陸運）
7位 東ソー（化学）
8位 三井化学（化学）
9位 東燃ゼネラル石油（石油・石炭）
10位 長谷工コーポレーション（建設）

（※カッコ内は2015年9月時点の業種）

データ集計期間：1990年3月1日～2015年6月30日

POINT

6月相場を攻略するときの3つのポイント！

- ３月決算企業の本決算の発表が一巡し、決算内容を踏まえた売買が行われる
- 市場の期待よりも決算内容がよい企業は株が買われやすい
- 市場の期待よりも決算内容が悪い企業は株が売られやすい

7月相場の傾向と対策
上がりやすい／下がりやすい業種銘柄

テーマ株、優待銘柄に注目！

7月相場は、本決算の発表も一段落し、材料に乏しい月だと言えるでしょう。

これを言い換えると、決算発表以外の材料に株価が大きく左右される時期とも言えるでしょう。たとえば、夏に関係する材料で買いが集まりやすくなったり、流行りのテーマ株に資金が流入しやすい時期とも考えられます。

ちなみに、テーマ株を簡単に見つける方法は、左図の下部にてご紹介していますので、ぜひ参考にして下さいね。

この情報を参考にすれば、材料に過敏な7月を乗り切るためのヒントが得られるかもしれません。

また、7月下旬からは、第1四半期決算が発表されはじめます。

決算直前の銘柄は、決算発表までは手控えられることもありますので、慎重に銘柄選びをする必要があるでしょう。決算の内容次第では、上方修正を期待した急騰銘柄なども現れるでしょうから、じっくりと企業分析するのもよいですね。

なかなかハイレベルな知識が必要になりそうな7月の日本市場ですが、それでも7月に上がりやすい株や、業種というのは過去のデータを見れば簡単に見つけられます。

もし、目ぼしい銘柄が見つからなかった場合は、9月に株主優待が行われる株を検討してみるのがおすすめです。

9月は優待銘柄の数も多く、7月後半あたりから優待目当てで株を購入する投資家が増えるため、値上がりを掴むには効果的な投資法だと考えられます。

7月の相場を徹底的に解析！

7月に上がりやすい業種 TOP3

1. 医薬品
（例：第一三共）
2. 精密機器
（例：オリンパス）
3. 石油
（例：ＪＸホールディングス）

7月に下がりやすい業種 WORST3

1. 倉庫
（例：三菱倉庫）
2. 空運
（例：ANA ホールディングス）
3. 鉄道・バス
（例：小田急電鉄）

（※カッコ内は業種内でも特に傾向の強かった銘柄）

7月に上がりやすい銘柄 TOP10

1. 大塚ＨＤ（医薬品）
2. ＴＳＩホールディングス（繊維製品）
3. カルビー（食料品）

4位 スタートトゥデイ（小売）
5位 ホシザキ電機（機械）
6位 セブン＆アイＨＤ（小売）
7位 三菱ケミカルＨＤ（化学）
8位 第一三共（医薬品）
9位 バンダイナムコＨＤ（その他製品）
10位 ニトリＨＤ（小売）

7月に下がりやすい銘柄 WORST10

1. ほくほくＦＧ（銀行）
2. 第一生命保険（保険）
3. 肥後銀行（銀行）

4位 タカタ（輸送用機器）
5位 キリンＨＤ（食料品）
6位 住友大阪セメント（ガラス・土石）
7位 Ｔ＆Ｄホールディングス（保険）
8位 ＭＳ＆ＡＤインシュアランス（保険）
9位 三菱重工業（機械）
10位 大和証券グループ本社（証券）

（※カッコ内は 2015 年９月時点の業種）

データ集計期間：1990 年 3 月 1 日～2015 年 6 月 30 日

POINT

7月相場を攻略するときの３つのポイント！

・本決算の発表が一段落するため、材料が乏しくなる
・材料が少ないため、テーマ株や材料株への注目度が相対的に高まる
・テーマ株を探すのには、以下のサイトが便利
【株探】 http://kabutan.jp/info/accessranking/3_2

8月相場の傾向と対策 上がりやすい／下がりやすい業種銘柄

買い意欲が衰えがち

8月の相場は、格言では、「お盆の閑散相場」「夏枯れ相場」とも呼ばれており、相場が冷え込みやすい時期としても有名です。

この時期は、機関投資家や個人投資家が夏季休暇に入りやすい時期であることから、投資を控え、株式を購入する意欲が衰えがちなのだと考えられます。

加えて、8月は第1四半期決算の発表が本格化するシーズンです。決算発表が控えていることもあり、相場の冷え込みは更に加速し、「決算が終わるまではしばらく手控えておこう」と考える投資家も多いでしょう。

ちなみに、決算が好調な銘柄はしばらく株価が上がる可能性もありますので、決算の結果には要注目です。

もし魅力的な銘柄が見つからないようならば、7月に引き続き優待銘柄を模索してみるというのもよいでしょう。優待銘柄はこの時期に豊富にあるうえ、優待銘柄は権利確定直前に株が買われやすく、値上がりしやすいと考えられます。

また、相場全体が下落しやすい時期ということは、逆張り投資や割安株投資に適した時期だと言えるでしょう。

この時期に投資を始めるのなら、逆張り投資や割安株投資について予習しておいてはいかがでしょうか。

それを参考にすれば、決算発表が盛んな8月を乗り切るためのヒントが得られるかもしれません。

なかなかハイレベルな知識が必要になりそうな8月の日本市場ですが、それでも8月に上がりやすい株や、業種というのは過去のデータを見れば簡単に見つけられます。

8月の相場を徹底的に解析！

8月に上がりやすい業種 TOP3

1. 空運（例：ＡＮＡホールディングス）
2. 不動産（例：東京建物）
3. 建設（例：清水建設）

8月に下がりやすい業種 WORST3

1. 保険（例：損保ジャパン日本興亜ＨＤ）
2. ゴム（例：ブリヂストン）
3. 自動車（例：三菱自動車工業）

（※カッコ内は業種内でも特に傾向の強かった銘柄）

8月に上がりやすい銘柄 TOP10

1. カルビー（食料品）
2. サンドラッグ（小売）
3. テンプＨＤ（サービス）

4位	バンダイナムコＨＤ（その他製品）
5位	清水建設（建設）
6位	鹿島建設（建設）
7位	ニトリＨＤ（小売）
8位	大塚商会（情報・通信）
9位	明治ＨＤ（食料品）
10位	サントリー食品インターナショナル（食料品）

8月に下がりやすい銘柄 WORST10

1. コカ・コーラ東日本（食料品）
2. 損保ジャパン日本興亜ＨＤ（保険）
3. 栗田工業（機械）

4位	ＴＳＩホールディングス（繊維製品）
5位	キリンＨＤ（食料品）
6位	ファミリーマート（小売）
7位	りそなＨＤ（銀行）
8位	ワコム（電気機器）
9位	アルフレッサＨＤ（医薬品）
10位	ネクソン（情報・通信）

（※カッコ内は2015年９月時点の業種）

データ集計期間：1990年3月1日〜2015年6月30日

POINT

8月相場を攻略するときの３つのポイント！

・機関投資家や個人投資家が夏季休暇に入りやすいため、買い意欲が衰えがち
・３月決算企業による第１四半期の決算発表が本格化するため、様子見して買いを控える投資家が増える
・決算内容が好調な企業は上昇トレンド入りする見込みが高まる

9月相場の傾向と対策 上がりやすい／下がりやすい業種銘柄

決算内容に要注目

9月相場というと、過去の相場では非常に下落の傾向が強いことで有名ですね。なぜかというと、この時期には、「機関投資家も、中間決算を意識するから」だと考えられます。

決算が近くなると、機関投資家は「利益確定」をして、勤め先である企業の決算書を「よりよく見せる」ための努力をするという訳です。よって、機関投資家たちは、9月の末にかけて、株を徐々に売っていき、ポジションの整理を行っていく時期だとも言えるでしょう。

大口の投資家である機関投資家が株を売ってしまえば、日本の株式市場は大きく影響されます。

同様に、「中間決算が控えている」というのを理由に、上方修正しそうな銘柄が物色されやすいという傾向も見られます。もし、この時期に業績修正されそうな銘柄を売買したいという方は、株探の**「業績修正しそうな銘柄リスト」**を参照されるとよいでしょう。

左ページの末尾にリンク先を記載していますので、ぜひアクセスしてみて下さい。簡単に業績が好調な銘柄を見つけることができますよ。

また、9月には株主優待の権利確定が迫っている企業が多いという特徴があります。権利確定の後には株が売られやすく、株価が大きく下がる銘柄が見られますので、この時期には特に注意が必要です。

このように、9月には相場全体が下落調子となることから、個人投資家の方は苦戦されるという人が多いようです。ですので、慎重に投資先の業種や、銘柄を吟味していく必要があるでしょう。

9月の相場を徹底的に解析！

9月に上がりやすい業種 TOP3

1 鉄道・バス
（例：東海旅客鉄道）

2 保険
（例：損保ジャパン日本興亜ＨＤ）

3 医薬品
（例：武田薬品工業）

9月に下がりやすい業種 WORST3

1 証券
（例：大和証券グループ本社）

2 空運
（例：ANA ホールディングス）

3 水産
（例：マルハニチロ）

（※カッコ内は業種内でも特に傾向の強かった銘柄）

9月に上がりやすい銘柄 TOP10

1 ホシザキ電機（機械）

2 明治ＨＤ(食料品)

3 武田薬品工業（医薬品）

4位 ヤクルト本社（食料品）

5位 損保ジャパン日本興亜ＨＤ(保険)

6位 第一生命保険（保険）

7位 池田泉州ＨＤ(銀行)

8位 野村不動産ＨＤ(不動産)

9位 雪印メグミルク（食料品）

10位 東邦ガス（食料品）

9月に下がりやすい銘柄 WORST10

1 シャープ（電気機器）

2 大正製薬ＨＤ(保険)

3 ＡＮＡホールディングス（空運）

4位 東芝（電気機器）

5位 日本通運（陸運）

6位 大同特殊鋼（鉄鋼）

7位 リョーサン（卸売）

8位 長谷工コーポレーション（建設）

9位 パナソニック（電気機器）

10位 新生銀行（銀行）

（※カッコ内は 2015 年 9 月時点の業種）

データ集計期間：1990 年 3 月 1 日～2015 年 6 月 30 日

POINT

9月相場を攻略するときの３つのポイント！

・機関投資家は中間決算を意識して利益確定を行いやすい
・次回決算までに業績修正しそうな銘柄が物色されやすい
・中間決算までに業績修正しそうな銘柄を探すのには、以下のサイトが便利
【株探】http://kabutan.jp/tansaku/?mode=1_0

10月相場の傾向と対策
上がりやすい／下がりやすい業種銘柄

TOPIXニューインデックスの定期入れ替え

10月相場というと、どっちつかずの値動きで有名ですね。なぜかというと、この時期には、「企業の中間決算が発表される直前だから」だと考えられます。

決算発表の直前には、「もしかすると想定と違う決算が出るかもしれない」と、投資家の間で、様子見ムードが強まる傾向があります。10月の下旬からは中間決算の発表などが盛んに行われますから、10月中は、「様子見して、株を買わない」という投資家が多くなります。一方、明らかに決算が好調な銘柄や、決算の見通しが明らかに良好な場合には、中間決算の内容を見越して、投資家たちが株を買い、値上がりしやすいという傾向があります。

決算発表がされた後には、業績が良かった銘柄には買いが集まる傾向があります。

特に、想定外の決算をした企業には、好決算な場合には買いが集中する傾向があります。一方、業績が良くても、想定よりも決算が良くない場合には、損切り／利益確定が集中しやすいと言えるでしょう。

目立つ決算をした企業がある場合は、同業種の銘柄（＝似たような決算を出しやすい企業）にも注目が集まります。連想買いなどが頻繁に起こる時期ですので、1つの銘柄だけでなく、周辺の企業分析も進めておくと、利益を出しやすくなるでしょう。

10月の相場を徹底的に解析！

10月に上がりやすい業種 TOP3

1. 通信（例：ＫＤＤＩ）
2. 証券（例：松井証券）
3. 不動産（例：住友不動産）

10月に下がりやすい業種 WORST3

1. 保険（例：損保ジャパン日本興亜ＨＤ）
2. 銀行（例：三菱ＵＦＪ ＦＧ）
3. 非鉄・金属（例：三菱マテリアル）

（※カッコ内は業種内でも特に傾向の強かった銘柄）

10月に上がりやすい銘柄 TOP10

1. JSR（化学）
2. ＡＢＣマート（小売）
3. エムスリー（サービス）

4位 スズキ（輸送用機器）
5位 プラザー工業（電気機器）
6位 東海東京（証券）
7位 ドンキホーテＨＤ（小売）
8位 ファナック（電気機器）
9位 アサヒグループＨＤ（食料品）
10位 日産車体（輸送用機器）

10月に下がりやすい銘柄 WORST10

1. 雪印メグミルク（食料品）
2. 小林製薬（化学）
3. コカ・コーラ東日本（食料品）

4位 キョーリン製薬ＨＤ（医薬品）
5位 ＳＡＮＫＹＯ（機械）
6位 ダスキン（サービス）
7位 東北電力（電力）
8位 レンゴー（パルプ・紙）
9位 みずほＦＧ（銀行）
10位 ニトリＨＤ（小売）

（※カッコ内は2015年9月時点の業種）

データ集計期間：1990年3月1日～2015年6月30日

POINT 10月相場を攻略するときの3つのポイント！

・下旬から中間決算の発表が本格化するため、決算を意識した取引が活発化する
・決算内容が読みづらい企業は、決算までの期間は買い控えが起き、様子見ムードが漂いやすい
・TOPIXニューインデックスの構成銘柄が入れ替えられるため、格上げされた銘柄には資金が流入する見込みが高まる

11月相場の傾向と対策
上がりやすい／下がりやすい業種銘柄

中間決算の内容に要注目

11月相場というと、「中間決算の結果」に大きく株価が左右される時期と言われています。10月下旬から中間決算の発表が活発になりますが、その中でも、次の2つに当てはまる銘柄は格段に注目度が高まります。

- **予想以上に決算が良かった銘柄や、上方修正をした銘柄**
- **予想以上に決算が悪かった銘柄や、下方修正をした銘柄**

これらの銘柄には、「決算が良かったんだから買おう」「決算が悪かったんだから、売ろう」というように、出遅れている投資家達が決算を参考にして投資を始める時期とも言えるでしょう。

ただし、ここで難しいのは、「予想以上に」というところです。

もし、市場が好決算を期待していたら、どんなに決算が良くても、予想どおりならば株価に変化はありません。むしろ、「まあ、そんなもんだろう」という反応をされてしまい、特に利益につながらないのです。

同じように、決算が良くても、「期待よりも悪かった」というのでは、好決算の発表ですら悪材料になってしまうこともあります。それこそ、「材料が出尽くしたから、利益確定してしまおう」という投資家が現れ、好決算にも関わらず、株価はズルズルと下がっていくということもあり得る訳です。

ここで重要なのは、「市場は、その企業の決算をどれくらいのものとして想定しているのか?」という点。好決算となりそうな銘柄でも、もともと期待されていた銘柄であれば、なかなか値上がりにはつながらないのです。

11月の相場を徹底的に解析！

11月に上がりやすい業種 TOP3

1. 電力（例：関西電力）
2. 通信（例：スカパーＪＳＡＴホールディングス）
3. 保険（例：第一生命保険）

11月に下がりやすい業種 WORST3

1. 建設（例：日揮）
2. 水産（例：日本水産）
3. 不動産（例：三井不動産）

（※カッコ内は業種内でも特に傾向の強かった銘柄）

11月に上がりやすい銘柄 TOP10

順位	銘柄
1	ＪＸホールディングス（石油・石炭）
2	ＩＴホールディングス（情報・通信）
3	日新製鋼（鉄鋼）
4位	山口ＦＧ（銀行）
5位	第一生命保険（保険）
6位	損保ジャパン日本興亜ＨＤ（保険）
7位	コニカミノルタ（電気機器）
8位	広島銀行（銀行）
9位	博報堂ＤＹホールディングス（サービス）
10位	ファーストリテイリング（小売）

11月に下がりやすい銘柄 WORST10

順位	銘柄
1	前田道路（建設）
2	戸田建設（建設）
3	ノーリツ（金属製品）
4位	オートバックスセブン（卸売）
5位	日本製紙（パルプ・紙）
6位	東邦ＨＤ（卸売）
7位	ＳＡＮＫＹＯ（機械）
8位	高島屋（小売）
9位	日本電気（電気機器）
10位	相鉄ＨＤ（陸運）

（※カッコ内は2015年９月時点の業種）

データ集計期間：1990年3月1日～2015年6月30日

POINT

11月相場を攻略するときの３つのポイント！

- 中間決算の発表が本格化し、様子見ムードが高まりやすい
- 市場の期待よりも中間決算の内容がよい企業は株が買われやすい
- 市場の期待よりも中間決算の内容が悪い企業は株が売られやすい

12月相場の傾向と対策
上がりやすい／下がりやすい業種銘柄

個人投資家、再始動

12月相場というと、ボーナスやクリスマスなど、個人の消費が活発になる時期としても有名ですね。

「中間決算の結果」に大きく株価が左右される時期と言われています。

9月以降、軟調な推移をしがちな日本株市場ですが、12月に入ってからは再び購入意欲が強まる傾向があるようです。

話は変わって、11月末～12月上旬にかけて、タックス・ロス・セリングという売りが集中しやすい時期として有名です。年末に損切りをまとめて行ってしまうことで、節税効果を狙っているというのが、この「タックス・ロス・セリング」ですが、日本相場では、この売り圧力に引きずられ、12月上旬までは弱気相場となるおそれがあるでしょう。一方、タックス・ロス・セリングが終わってしまえば、その後は、見直し買いが入りやすい状況となりますので、安心して株を買えることになるでしょう。

結果的に、12月には、日本株市場は全体的に上昇傾向が強いことが分かっています。タックス・ロス・セリングや、11月中に決算発表が一服することから、年末にかけて株を買いやすい状況になると言えるでしょう。

以上のように、12月には、今まで手控えていた投資家たちが、再始動する時期だと言えるでしょう。

12月の相場を徹底的に解析！

12月に上がりやすい業種 TOP3

1. 保険（例：第一生命保険）
2. 電力（例：東京電力）
3. ガス（例：大阪ガス）

12月に下がりやすい業種 WORST3

1. 水産（例：マルハニチロ）
2. 空運（例：ＡＮＡホールディングス）
3. ゴム（例：横浜ゴム）

（※カッコ内は業種内でも特に傾向の強かった銘柄）

12月に上がりやすい銘柄 TOP10

1. ＩＴホールディングス（情報・通信）
2. コスモス薬品（小売）
3. 信越化学工業（化学）

4位 国際石油開発帝石（鉱業）
5位 ポーラ・オルビスＨＤ（化学）
6位 エーザイ（医薬品）
7位 コムシスＨＤ（建設業）
8位 コーセー（化学）
9位 電源開発（電気・ガス）
10位 日野自動車（自動車）

12月に下がりやすい銘柄 WORST10

1. 池田泉州ＨＤ（銀行）
2. ヒューリック（不動産）
3. ソフトバンク（情報・通信）

4位 エムスリー（サービス）
5位 三菱瓦斯化学（化学）
6位 岩谷産業（卸売）
7位 沢井製薬（医薬品）
8位 協和発酵キリン（医薬品）
9位 日本電気硝子（ガラス・土石）
10位 サンリオ（卸売）

（※カッコ内は2015年９月時点の業種）

データ集計期間：1990年3月1日～2015年6月30日

POINT

12月相場を攻略するときの３つのポイント！

・中間決算の発表が一服するため、買い意欲が再び盛り上がりやすい
・ヘッジファンドによるタックス・ロス・セリング（税金対策の損切り）が活発になる
・損切りされやすい時期なため、下落トレンドにある銘柄ほど売られやすい

column

上がる株がわかっても破産する投資家がいる。

あなたが「90%の確率で上がる株が当てられる」という能力を得たと考えてみて下さい。株を買えば大半が上がり、大きな利益を生み出しています。いとも簡単に億万長者になれそうですよね？ 残念ですが、それは間違いです。高確率で上がる株が分かっても、それだけでは安定した利益にはつながりません。では一体、何が足りないのか。ちょっとだけ、「4W2H」を使って考えてみて下さい。…分かりましたか？ 答えは、「How muchが足りない」です。つまり、リスク管理の能力が足りていないということです。たとえあなたが高精度で上がる株が分かったとしても、100%当てるのは不可能です。精度が100%でない以上、リスク管理を怠ると、たった1度のミスでも破産してしまう危険があります。あなたがどんなに優れた投資家であっても、株を買い過ぎることだけはしてはいけません。あなたが安定したパフォーマンスを出したいのなら、常にお金を余らせて、株を買い過ぎないようにしてくださいね。

PART 4 応用編

株2年生のためのカレンダー 優待銘柄の傾向と対策

本章の内容は、月の初めに株式を購入する → 45日保有したら、翌日に手仕舞う、という検証で、特に成績の良かった銘柄を紹介しています。

※優待の内容は、2015年9月30日時点のものです

１月のうちに仕込んでおきたい優待銘柄４選

ライフフーズ <3065>

ライフフーズは「ざめしや」などのレストランを運営する外食チェーンです。

同社の優待は、東海・近畿・中国を中心に展開している同社店舗で使えるほか、希望すればお米券と交換することもできます。

使い勝手のよい同社の優待内容により、優待の権利確定直前には、投資家が同社株を買いやすいと考えられます。

その結果、同社の株価は、１月初め～2月中旬にかけて、２００９年～２０１５年の7年連続で上昇しました。同社株を早めに仕込んでおくことで、権利確定の直前の値上がりをつかめると期待できます。

カルラ <2789>

カルラは和食レストラン「まるまつ」などを運営するファミレスのチェーンです。同社の優待は、同社の運営しているレストランで利用できる食事券です。同社店舗は東北を中心に展開しているため、東北にお住まいの方にとっては、非常に魅力的な優待だと言えるでしょう。

人気の高い同社の優待内容により、優待の権利確定直前には、投資家が同社株を買いやすいと考えられます。

その結果、同社の株価は、１月初め～2月中旬にかけて、上昇しやすいことが確認できました。同社株は２００５年～２０１４年の間、10年連続で1～2月に株価が上昇しています。同社株はこの期間には注目を集めやすく、特に株が買われやすい時期なのだと考えられます。

1月に買いたい優待銘柄を徹底検証！

ライフフーズ<3065>

勝率：100.00%　　平均損益（率）：6.42%

優待内容名	優待獲得株数	備考
3,000円相当の優待券	1,000株以上	※希望によりおこめ券（3Ｋｇ）と交換可

カルラ<2789>

勝率：90.91%　　平均損益（率）：5.74%

優待内容名	優待獲得株数	備考
1,000円相当の優待食事券	100株以上	—
5,000円相当の優待食事券	500株以上	—
1,0000円相当の優待食事券	1,000株以上	—

リンガーハット<8200>

勝率：88.24%　　平均損益（率）：5.30%

優待内容名		優待獲得株数	備考
食事優待券540円	2枚	100株以上	—
	7枚	300株以上	—
	12枚	500株以上	—
	25枚	1,000株以上	—
	50枚	2,000株以上	—

天満屋ストア<9846>

勝率：88.24%　　平均損益（率）：5.30%

優待内容名		優待獲得株数	備考
①優待補助券100円　または　②VJAギフトカード1000円	①20枚／②1枚	100株以上	※①は1,000円以上の買い物につき 1,000円ごとに1枚利用可
	①60枚／②1枚	500株以上	
	①100枚／②3枚	1,000株以上	
	①200枚／②3枚	2,000株以上	
	①300枚／②3枚	3,000株以上	
	①400枚／②3枚	4,000株以上	
	①500枚／②3枚	5,000株以上	

データ集計期間：1990年3月1日〜2015年6月30日

1月のうちに仕込んでおきたい優待銘柄4選

リンガーハット <8200>

リンガーハットは「長崎ちゃんぽん」や「とんかつ浜勝」などを運営している外食チェーンです。

同社は運営店舗を全国展開していることから、同社の優待である食事券は汎用性が高く、人気のある優待内容であると考えられます。

その結果、同社株は優待の権利確定間際に買いが集中することが考えられ、ジワジワと値上がりすることが期待できます。

２０１０年からは6年連続で値上がりしていることから、この時期には株が買われやすいと期待できます。

天満屋ストア <9846>

天満屋ストアは食料品や雑貨・衣料品を販売する、スーパーマーケットを運営しています。

同社の優待は年に2回に受け取れることからお得感が高く、人気だと考えられます。同社は岡山を中心に広島などに展開していますが、同社店舗で買物ができないという方は、代わりにギフトカードを受け取ることもできます。

どこに住んでいる方でも、汎用性の高い優待を受け取ることができるため、同社株は優待の権利確定間近になると人気が高まることが予想されます。

過去の統計上、同社の株価は1月～2月にかけて、強い上昇傾向があることが分かりました。

特に、２００４年～２０１３年の10年間は連続してこの時期に値上がりしました。同社の株価は1月に上がりやすいという周期性があると期待できるでしょう。

1月に仕込んでおきたい優待銘柄

「1月はじめ～優待権利確定の直前（2月下旬）」までの期間に株価が上がりやすい2月の優待銘柄TOP10

1位　ライフフーズ <3065>
（ギフト券／食品）

2位　カルラ <2789>
（食事券）

3位　リンガーハット <8200>
（食事券／食品）

4位　天満屋ストア <9846>
（割引券／ギフト券）

5位　日本色材工業研究所 <4920>
（化粧品）

6位　AFC-HD アムスライフサイエンス <2927>
（割引券／ギフト券／化粧品／食品）

7位　ゼットン <3057>
（食事券／美術／花／レジャー／招待券）

8位　ダイヤモンドダイニング <3073>
（食事券／食品／その他）

9位　トレジャー・ファクトリー <3093>
（ギフト券）

10位　イオン九州 <2653>
（割引券／その他）

データ集計期間：1990年3月1日～2015年6月30日

POINT　1月に優待銘柄を買うときの3つのポイント！

- 2月優待の株は約130銘柄と多め（2015年10月時点）。慎重に銘柄を選ばないと、値上がり益は得づらい
- 優待銘柄の中でも、小型のものが狙い目
- 上昇トレンドにある銘柄の続伸よりも、下落トレンドにある銘柄のリバウンドを狙う方が効果的

2月のうちに仕込んでおきたい優待銘柄4選

コモ <2224>

コモはパンの製造を行う食品会社です。同社の優待では、同社製品のパンなどを受け取ることができます。また、優待は最低でも年に2回受け取ることができるため、お得感の高い優待内容だと言えるでしょう。

朝食には決まってパンを食べるという方も多いですから、同社の優待は使い勝手が良く、人気だと考えられます。優待の権利確定直前には、買いが集まりやすいと考えられますので、3月末の権利確定を見越して、2月のうちから注目しておきたいところです。

2007年～2015年の9年連続で、同社の株価は2月初め～3月中旬に上昇しています。強烈な上昇傾向のある時期ですので、必ず押さえておきましょう。

秋川牧園 <1380>

秋川牧園は、無投薬の畜産物や、無農薬の野菜などを販売している農産物の製造販売会社です。卸売だけでなく、個人客に対する宅配直売も手がけています。

同社の優待では、年に1回、同社の製品を受け取ることができます。食品の優待は誰にでも利用できるため汎用性が高く、人気の優待内容だと考えられます。

同社の株価は、2月から3月にかけて強い上昇傾向が見られており、これからは優待目的の買いが集まりやすい時期だと考えられます。ぜひ注目しておきたい銘柄です。

2月に買いたい優待銘柄を徹底検証！

コモ＜2224＞

勝率：94.44%　平均損益（率）：8.48%

優待内容名		優待獲得株数	備考
自社製品（パン等）	1,500円相当（半期ごと）	100株以上	※1,000株以上の株主は会社指定製品より選択
	1,500円相当（毎月）	1,000株以上	

秋川牧園＜1380＞

勝率：100.00%　平均損益（率）：6.12%

優待内容名	優待獲得株数	備考
3,500円相当の自社製品セット（鶏肉等）	1,000株以上	―

キタムラ＜2719＞

勝率：92.86%　平均損益（率）：7.04%

優待内容名		優待獲得株数	備考
自社商品券	1,000円相当	100株以上	―
	5,000円相当	1,000株以上	―
	1,0000円相当	10,000株以上	―
写真撮影優待券		100株以上	こども写真館での撮影料および4切写真台紙付1枚無料

旭松食品＜2911＞

勝率：92.31%　平均損益（率）：7.87%

優待内容名	優待獲得株数	備考
3,000円相当の自社製品（凍豆腐・即席みそ汁等）	1,000株以上	―

データ集計期間：1990年3月1日～2015年6月30日

2月のうちに仕込んでおきたい優待銘柄4選

キタムラ <2719>

キタムラは、カメラ販売のチェーンを運営しています。写真用品やOA機器などを取り扱っており、「カメラのキタムラ」や「スタジオマリオ」などが主力です。

同社の優待では、全国展開している同社で使える商品券などを受け取れます。使い勝手のよい優待内容であるため、優待の権利確定直前には、株価が上がりやすいと考えられます。

この時期には、2007年以降は9年連続で同社の株価は上昇しており、特に上昇しやすい時期であると伺えます。株主優待を目的とした買いが強まると考えられるため、同社株には注目しておきましょう。

旭松食品 <2911>

旭松食品は、即席みそ汁や凍り豆腐などを製造する、食品会社です。同社の優待内容は、以下のとおりです。

味噌汁や豆腐など、多くの方から慣れ親しまれている食品を受け取れるため、汎用性の高い優待だと言えるでしょう。

使い勝手のよい優待であることから、優待の権利確定直前には買いが集まりやすいと考えられます。

同社の株価は2月から3月にかけて上昇する傾向が強く、優待目的の投資家が集まりやすい銘柄なのだと期待できるでしょう。

同社の株価は、この時期に5年連続で上昇しています。2月初め～3月中旬は、同社の株が特に買われやすい時期だと言えるでしょう。

2月に買いたい優待銘柄を徹底検証！

「2月はじめ～優待権利確定の直前（3月下旬）」までの期間に株価が上がりやすい3月の優待銘柄 TOP10

順位	銘柄	優待内容
1位	コモ＜2224＞	（食品）
2位	秋川牧園＜1380＞	（食品）
3位	キタムラ＜2719＞	（ギフト券／写真）
4位	旭松食品＜2911＞	（食品）
5位	安楽亭＜7562＞	（食事券／割引券／食品）
6位	神戸電鉄＜9046＞	（割引券／ギフト券／乗り物／レジャー／ホテル）
7位	幸楽苑ＨＤ＜7554＞	（食事券／食品）
8位	山陽電気鉄道＜9052＞	（招待券／割引券／食品／乗り物／レジャー／ホテル）
9位	ゲームカード・ジョイコＨＤ＜6249＞	（ギフト券／その他）
10位	広島電鉄＜9033＞	（割引券／ギフト券／乗り物／レジャー／その他）

データ集計期間：1990年3月1日～2015年6月30日

POINT 2月に優待銘柄を買うときの3つのポイント！

・3月優待の株は約700銘柄と1年の中で最も多い（2015年10月時点）
・上昇トレンドにある銘柄の方が注目されやすく、値上がりの傾向が強い
・鉄道株の優待人気が根強く、値上がりの傾向が強い

3月のうちに仕込んでおきたい優待銘柄4選

東和フードサービス <3329>

東和フードサービスは、スパゲッティ専門店「ドナ」などを運営する外食チェーンです。他にも、喫茶店やケーキショップなどを運営しています。

同社の優待は、同社の店舗で使える食事優待券です。

おしゃれな喫茶店やケーキショップで使える同社の優待内容は、女性に人気が高いと考えられるでしょう。もし、食事券を希望しない場合は、同社の製品詰め合わせを受け取ることもできます。汎用性が高いことから、人気の高い優待だと期待できるでしょう。

同社の優待が人気なためか、3月~4月には同社の株は買われやすく、価格が上がりやすいことが過去のデータから分かっています。

トーエル <3361>

トーエルは、LPガスの販売を手がけています。同時に、ミネラルウォーターを販売する飲料水事業を展開しています。

同社の優待では、同社で取り扱っている製品を受け取ることができます。

水は消耗品でもあるため、同社の優待を求めて直前に株を購入するという投資家は多数いるでしょう。同社の株主優待の人気からか、3月初め~4月中旬にかけて、同社の株価は上昇しやすい傾向が見られています。

ぜひ、これからは同社の動向に注目してみてはいかがでしょうか。

3月に買いたい優待銘柄を徹底検証！

東和フードサービス<3329>

勝率：90.91%　　平均損益（率）：12.26%

優待内容名		優待獲得株数	備考
優待食事券（500円）	3枚	100株以上	（4月のみ）※希望者には食事券に代えて自社製品詰合わせ
	6枚	200株以上	
	12枚	400株以上	
	20枚	1,200株以上	
優待食事券（500円）	3枚	100株以上	（10月のみ）※希望者には食事券に代えて自社製品詰合わせ
	6枚	200株以上	
	12枚	400株以上	
	20枚	1,200株以上	

トーエル<3361>

勝率：88.89%　　平均損益（率）：14.17%

優待内容名	優待獲得株数	備考
1,500円相当の自社取扱商品	500株以上	―
3,000円相当の自社取扱商品	1,000株以上	―

くらコーポレーション<2695>

勝率：85.71%　　平均損益（率）：16.27%

優待内容名		優待獲得株数	備考
優待食事券（500円）	5枚	100株以上	※200株以上の株主は優待食事券に代えて優待品（海産物等）を選択可
	10枚	200株以上	
	20枚	500株以上	

ファースト住建<8917>

勝率：83.33%　　平均損益（率）：14.84%

優待内容名	優待獲得株数	備考
500円相当のクオカード	100株以上	※15年4月の自社選定商品は洋菓子・ワイン・梅干より1点選択
自社選定商品	300株以上	

データ集計期間：1990年3月1日～2015年6月30日

3月のうちに仕込んでおきたい優待銘柄4選

くらコーポレーション <2695>

くらコーポレーションは、回転すし「くら寿司」を運営する外食チェーンです。

同社の優待では、同社店舗で利用可能な優待食事券です。近くにくら寿司のある方は、株主優待を受け取ることで、お寿司を安価で楽しめるようになるでしょう。

回転寿司は、家族に人気が高いことから、お子さんのいる投資家には人気な優待だと考えられます。また、同社の優待が人気なためか、3月から4月にかけては同社の株価は強い上昇傾向が見られます。

3月以降、効率的に利益を出すために、同社株に注目してみるというのもよいかもしれませんね。

ファースト住建 <8917>

ファースト住建は、近畿を地盤とした、不動産開発・販売を手掛ける会社です。

同社の優待内容は、クオカードまたは同社の選定商品です。同社の優待は年2回に受け取れることに加え、クオカードや食品といった汎用性の高いものを受け取ることができるため、人気な優待内容であると考えられます。

同社の株価は、2012年～2015年の4年間連続で、この時期に値上がりしています。よって、同社の株はこの時期に特に注目を集め、買われやすいと期待できます。ぜひ、このシーズンには注目してみてはいかがでしょうか。

3月に仕込んでおきたい優待銘柄

「3月はじめ～優待権利確定の直前（4月下旬）」までの
期間に株価が上がりやすい4月の優待銘柄 TOP10

1位 東和フードサービス＜3329＞
（食事券／食品）

2位 トーエル＜3361＞
（食品／日用品）

3位 くらコーポレーション＜2695＞
（食事券／食品）

4位 東建コーポレーション＜1766＞
（割引券／ギフト券／食品／住まい／レジャー／ホテル）

5位 ファースト住建＜8917＞
（ギフト券／食品）

6位 正栄食品工業＜8079＞
（食品／割引券）

7位 トーシン＜9444＞
（食品／割引券）

8位 伊藤園＜2593＞
（食品）

9位 TASAKI＜7968＞
（アクセサリ／割引券）

10位 ヤーマン＜6630＞
（化粧品）

データ集計期間：1990年3月1日～2015年6月30日

POINT

3月に優待銘柄を買うときの3つのポイント！

・4月優待の株は約30銘柄と少ないため、優待狙いの投資家からの資金が集中しやすい（2015年10月時点）
・売買代金の小さな株ほど値上がりの傾向が強い
・金融関連の優待銘柄は人気があまりなく、値上がりの傾向が弱い

4月のうちに仕込んでおきたい優待銘柄4選

山下医科器械 <3022>

山下医科器械は、病院経営に関するコンサルティングのほか、医療機器の販売を手がけています。

同社の優待ではクオカードを受け取ることができます。

クオカードはコンビニなど、全国圏で利用することができるため、汎用性が高く、人気の高い優待内容だと言えるでしょう。同社の優待を受け取るため、権利確定直前には買いが集まると考えられます。

特に、同社の株価は、9年連続で4月〜5月の間に値上がりしました。この時期には、優待狙いの投資家が同社株を買いやすいと言えるでしょう。ぜひ、この時期には、同社株に注目してみてはいかがでしょうか。

小津産業 <7487>

小津産業は、不織布などを販売する紙製品の販売会社です。

他にも、半導体向けワイパー製品の販売も行っています。

クオカードやティッシュペーパーは誰にでも利用ができるため、汎用性が高く、人気の高い優待だと考えられます。

同社の優待は使い勝手がよいことから、優待の権利確定直前には、同社の株式が買われやすいと考えられます。

過去の値動きを集計したところ、優待の権利確定直前の4月初め〜5月中旬にかけて、同社株が買われやすいという傾向を掴むことができました。これからの時期には、要注目な銘柄と言えるでしょう。

4月に買いたい優待銘柄を徹底検証！

山下医科器械＜3022＞

勝率：90.00%　　平均損益（率）：8.19%

優待内容名	優待獲得株数	備考
クオカード 500 円相当	100 株以上	—
クオカード 1,000 円相当	1,000 株以上	—
クオカード 1,500 円相当	2,000 株以上	—

小津産業＜7487＞

勝率：81.25%　　平均損益（率）：6.09%

優待内容名	優待獲得株数	備考
クオカード 1,000 円相当	100 株以上	—
ティッシュペーパー・トイレットペーパー詰め合わせ 2,500 円相当	200 株以上	—
ティッシュペーパー・トイレットペーパー詰め合わせ 5,000 円相当	500 株以上	—

大光＜3160＞

勝率：83.33%　　平均損益（率）：7.42%

<table>
<tr><th colspan="2">優待内容名</th><th>優待獲得株数</th><th>備考</th></tr>
<tr><td rowspan="3">①クオカード
または
②自社店舗商品券</td><td>①500 円相当または
②1,00 円相当</td><td>100 株以上</td><td rowspan="3">※クオカードを自社店舗へ持参することにより②と交換可</td></tr>
<tr><td>①1,000 円相当または
②2,000 円相当</td><td>500 株以上</td></tr>
<tr><td>①2,000 円相当または
②4,000 円相当</td><td>1,000 株以上</td></tr>
</table>

サカタのタネ＜1377＞

勝率：76.92%　　平均損益（率）：3.88%

優待内容名	優待獲得株数	備考
株主優待 カタログ商品	100 株以上	※100 株以上 300 株未満の株主と 300 株以上 1,000 株未満の株主、1,000 株以上の株主では商品の内容が異なる

データ集計期間：1990 年 3 月 1 日～2015 年 6 月 30 日

4月のうちに仕込んでおきたい優待銘柄4選

大光 <3160>

大光は、外食チェーンや学校などに食品を卸している、総合食品商社です。他にも、食材小売店「アミカ」を運営しています。

同社の優待では、全国で利用できるクオカードか、同社の店舗で利用できる商品券を受け取ることができます。どちらも使い勝手がよいことから、同社の株は優待の権利確定前に人気化することが期待できるでしょう。

優待目的の投資家が多いからか、同社の株価は4月初めから5月中旬にかけて、上昇する傾向が強く見て取れます。これからのシーズンは、ぜひ注目しておきたいところです。

サカタのタネ <1377>

サカタのタネは、野菜の種子や、花の種子を販売している種苗会社です。

同社の優待内容は、平成27年より従来の「花と緑のギフト券」から変更されており、カタログ商品が受け取れるようになりました。

従来の優待からの変更により、同社の値動きに変化が現れることが懸念されますが、依然、5月に優待の権利確定がされることから、4月以降の値上がりに期待ができるでしょう。

過去26年間のデータを集計すると、4月初め～5月中旬の時期に、同社の株価は26年中20回も値上がりしました。

これからは要注目の1銘柄と言えるでしょう。

4月に仕込んでおきたい優待銘柄

「4月はじめ～優待権利確定の直前（5月下旬）」までの
期間に株価が上がりやすい5月の優待銘柄TOP10

順位	銘柄	優待
1位	山下医科器械＜3022＞	（ギフト券）
2位	小津産業＜7487＞	（ギフト券／日用品）
3位	壱番屋＜7630＞	（食事券）
4位	サカタのタネ＜1377＞	（ギフト券／本）
5位	大光＜3160＞	（ギフト券）
6位	宝印刷 ＜7921＞	（ギフト券）
7位	ニイタカ＜4465＞	（食事券／ギフト券／食品／日用品／レジャー）
8位	毎日コムネット＜8908＞	（割引券／住まい／衣料／乗り物／レジャー／ホテル／映画）
9位	アイケイ ＜2722＞	（食品）
10位	モリト＜9837＞	（ギフト券）

データ集計期間：1990年3月1日～2015年6月30日

POINT 4月に優待銘柄を買うときの3つのポイント！

- 5月優待の株は約30銘柄と少ないため、優待狙いの投資家からの資金が集中しやすい（2015年10月時点）
- 日頃あまり注目されない薄商い株（売買の少ない株）の方が上がりやすい
- 上昇トレンドにある銘柄の続伸よりも、下落トレンドにある銘柄のリバウンドを狙う方が効果的

5月のうちに仕込んでおきたい優待銘柄4選

日本マクドナルドホールディングス <2702>

日本マクドナルドホールディングスは、ハンバーガーチェーンの最大手です。

傘下に日本マクドナルドや、エブリデイ・マックなどを置いています。

同社の優待では、マクドナルドで使える優待食事券です。全国展開している同社の店舗で使えることから、汎用性が高く、人気の高い優待内容だと考えられます。

同社の優待は、投資家からの人気も高いと考えられ、5月から6月にかけて、同社の株価は強い上昇傾向が見られます。

2002年~2015年の過去14年間のデータを集計した結果、同社の株価は約86%の確率で上昇しました。

これからの季節、投資する銘柄に悩んでいる方は、同社株に注目してみてはいかがでしょうか。

かんなん丸 <7585>

かんなん丸は、大庄のフランチャイズ店舗を運営しています。主力は「庄や」や「炉辺」です。

同社の優待食事券は、大庄グループ全店できるため、使い勝手が良く、人気な優待内容だと考えられます。

また、同社の優待は6月と12月の年2回受け取れることから、お得感の大きな優待だと言えるでしょう。

他にも、もし優待食事券が必要ないという方は、代わりに産地直送品を受け取ることもできます。

その汎用性の高さから、優待の権利確定直前には、株式を購入する投資家が急増すると期待できるでしょう。

5月に買いたい優待銘柄を徹底検証！

日本マクドナルドホールディングス＜2702＞

勝率：85.71%　　平均損益（率）：4.09%

優待内容名		優待獲得株数	備考
優待食事券	1冊	100株以上	※1冊にバーガー類、サイドメニュー、飲物、3種類の商品の無料引換券が1枚になったシート6枚
	3冊	300株以上	
	5冊	500株以上	

かんなん丸＜7585＞

勝率：84.62%　　平均損益（率）：3.24%

優待内容名		優待獲得株数	備考
優待食事券（500円）	5枚	100株以上	※大庄グループ全店で利用可 ※産地直送品も選択可
	10枚	500株以上	
	20枚	1,000株以上	

キングジム＜7962＞

勝率：77.27%　　平均損益（率）：3.75%

優待内容名		優待獲得株数	備考
自社または自社グループ商品	2,500円相当	100株以上	※14年はファイル・ノートセット
	5,000円相当	1,000株以上	

B-R サーティワンアイスクリーム＜2268＞

勝率：86.67%　　平均損益（率）：4.04%

優待内容名		優待獲得株数	備考
自社製品引換券（500円）	2枚	100株以上	＊株主優待券利用の際には別途消費税がかかる。
	3枚	500株以上	
	5枚	1,000株以上	
	10枚	5,000株以上	

データ集計期間：1990年3月1日～2015年6月30日

5月のうちに仕込んでおきたい優待銘柄4選

キングジム <7962>

キングジムは、ファイルやバインダーなどを製造する、事務用品の製造会社です。他にも、電子文具などを手がけています。

同社の優待では、同社グループで製造している商品を受け取ることができます。文具を消耗品として利用している方や、学生のお子さんがいらっしゃる投資家にとっては、嬉しい優待内容ですね。

同社の優待は使い勝手が良く、あっても困らないことから、優待権利確定の直前には株価が上がりやすいと考えられます。実際、5月〜6月にかけて、同社の株価には、強い上昇傾向が見られていますので、これからぜひ注目してみてください。

B・Rサーティワンアイスクリーム <2268>

B・Rサーティワンアイスクリームは、アイスクリーム専門のフランチャイズです。

同社の優待では、同社の店舗で利用できる引換券です。甘いもの好きの方や、小さなお子さんが居る家庭の方は、ぜひオススメの優待内容ですね。

同社の優待は投資家からの人気が高いとも考えられ、5月初め〜6月中旬にかけて株価が上昇する傾向が見られます。

過去のデータを集計すると、同社の株価は2004年〜2011年の8年連続でこの時期に上昇しています。この期間は、特に同社株に注目が集まり、投資家に買われやすいと言えるでしょう。

これからのシーズンは、ぜひ同社に注目しておきたい銘柄です。

5月に仕込んでおきたい優待銘柄

「5月はじめ～優待権利確定の直前（6月下旬）」までの期間に株価が上がりやすい6月の優待銘柄TOP10

1位　日本マクドナルドHD＜2702＞
（食事券）

2位　かんなん丸＜7585＞
（食事券／食品）

3位　東急レクリエーション＜9631＞
（レジャー／招待券／映画）

4位　B-Rサーティワンアイスクリーム＜2268＞
（食品／ギフト券）

5位　キングジム＜7962＞
（文具）

6位　ダイナック＜2675＞
（食事券／食品）

7位　小僧寿し＜9973＞
（割引券）

8位　ペッパーフードサービス＜3053＞
（食事券／その他）

9位　北海道コカ・コーラボトリング＜2573＞
（食品）

10位　鈴木＜6785＞
（食品）

データ集計期間：1990年3月1日～2015年6月30日

POINT 5月に優待銘柄を買うときの3つのポイント！

・6月優待の株は約100銘柄と多め（2015年10月時点）
・食品関連の優待人気が高く、株が買われる傾向も強い
・安く買える株ほど安定的した値上がり傾向が見られた

6月のうちに仕込んでおきたい優待銘柄４選

稲葉製作所 <3421>

稲葉製作所は、オフィス用家具や、倉庫の製造・販売を行う家具製造会社です。

同社の優待内容である図書カードは、書店などで利用できる、汎用性の高い優待として人気が高いと考えられます。また、３００株以上保有されている方は、図書カードの代わりに地域特産品を選べることから、さらに使い勝手が良くなると言えるでしょう。

同社の優待の使い勝手の良さから、同社の優待を手に入れるため、優待の権利確定直前には多くの投資家が同社の株を買うことが期待出来ます。

同社の株式は6月～7月にかけて強い上昇傾向が見られることから、これからの時期は要注目の1銘柄だと言えるでしょう。

ティーライフ <3172>

ティーライフは、自社で企画した健康茶や、健康食品などを販売している、通信販売業者です。

同社の優待は、同社の通販サイトで利用可能な「株主優待券」です。美容や健康、お茶やコーヒーなどの飲料に興味のある方にとっては、とても魅力的な優待内容だと言えるでしょう。

過去４年間（２０１２年～２０１５年）において、同社の株価は優待権利確定の直前に１００％の確率で上昇しています。「今年も上がる！」とまでは言い切れませんが、それでも過去の上昇傾向は、注目に値する判断材料だと言えるでしょう。

6月に買いたい優待銘柄を徹底検証！

稲葉製作所<3421>

勝率：93.75%　　平均損益（率）：6.67%

優待内容名	優待獲得株数	備考
1,000円相当の自社オリジナル図書カード	100株以上	※7月のみ
3,000円相当の地域特産品又は自社オリジナル図書カード	300株以上	
1,000円相当の自社オリジナル図書カード	1,000株以上	※1月のみ

ティーライフ<3172>

勝率：100.00%　　平均損益（率）：10.03%

優待内容名		優待獲得株数	備考
株主優待券（500円）	1,000円相当	100株以上	―
	2,000円相当	500株以上	
	3,000円相当	1,000株以上	

ながの東急百貨店<9829>

勝率：91.67%　　平均損益（率）：7.74%

優待内容名		優待獲得株数	備考
買物優待券（500円）	1,000株毎に50枚	1,000株以上	※1,000円以上の買物（特殊商品除く）1回につき、その値札金額の10%割引 ※「東急百貨店」でも利用可。ただし、割引内容は「東急百貨店」の割引方法に準ずる　等
	500枚	10,000株以上	

総合商研<7850>

勝率：90.91%　　平均損益（率）：11.23%

優待内容名	優待獲得株数	備考
3,000円相当の北海道特産品	1,000株以上	―
年賀状早期印刷割引サービス（30%割引）	1,000株以上	―

データ集計期間：1990年3月1日～2015年6月30日

6月のうちに仕込んでおきたい優待銘柄4選

ながの東急百貨店 <9829>

ながの東急百貨店は、東急百貨店子会社の百貨店です。長野県内では最大手であるため、地元の方には愛用されている百貨店であると考えられます。

同社の優待は、ながの東急百貨店や、東急百貨店の各店舗にて利用できる買い物優待券です。

買い物優待券は、好きなものを割引して購入するためには使い勝手が良く、人気の優待内容だと考えられます。

汎用性の高い同社の優待内容は、投資家からの人気も高く、権利確定直前には買いが集まりやすいと考えられます。統計的にも、6月初め～7月中旬にかけて、同社株は高確率で上昇したことが分かりました。

総合商研 <7850>

総合商研は、スーパーの折込チラシの企画・制作を行う印刷会社です。他にも、年賀状印刷などを手がけています。

同社の優待では、北海道の特産品や年賀状印刷の割引を受け取ることができます。どちらも使い勝手がよいため、投資家からの人気の高い優待内容だと考えられます。

同社の優待を手に入れるため、優待権利確定の直前には、多くの投資家達が同社株を購入すると予想されます。

過去のデータを集計したところ、同社の株価はこの時期に平均で約10%以上も株価が上昇しています。6月初め～7月中旬にかけて同社の株は投資家に買われやすい傾向があると言えるでしょう。

この時期に、同社株にも注目しておきたいところです。

6月に仕込んでおきたい優待銘柄

「6月はじめ〜優待権利確定の直前（7月下旬）」までの
期間に株価が上がりやすい7月の優待銘柄TOP10

順位	銘柄	優待内容
1位	稲葉製作所＜3421＞	（ギフト券／食品／本）
2位	きんえい＜9636＞	（映画／招待券）
3位	ながの東急百貨店＜9829＞	（割引券／招待券）
4位	総合商研＜7850＞	（割引券／食品）
5位	ティーライフ＜3172＞	（ギフト券）
6位	オーエス＜9637＞	（招待券／食事券／割引券／ホテル／映画）
7位	東京楽天地＜8842＞	（招待券／映画）
8位	モロゾフ＜2217＞	（割引券／食品）
9位	スバル興業＜9632＞	（映画／招待券）
10位	トーホー＜8142＞	（割引券／食品）

データ集計期間：1990年3月1日〜2015年6月30日

POINT

6月に優待銘柄を買うときの3つのポイント！

- 7月優待の株が約30銘柄で、1年の中で最も少ない（2015年10月時点）
- 優待狙いの投資家からの資金が集中しやすい（2015年10月時点）
- ほぼ全ての優待銘柄に上昇傾向が見られた

7月のうちに仕込んでおきたい優待銘柄4選

シベール <2228>

シベールは、焼き菓子や生洋菓子、パンなどを製造している洋菓子メーカーです。都市部を中心に店舗展開をしているほか、インターネット上での通信販売をしています。

同社の優待では、同社の製品であるラスクセットを受け取ることができます。

お菓子としても人気の高いラスクは、甘いもの好きの方ならぜひ手に入れておきたい優待内容だと考えられます。

同社の優待は人気が高いと考えられ、同社の株価は優待の権利確定の直前である、7月から8月にかけて、株価が上昇しやすい傾向が見られています。

これからの投資を計画する上で、ぜひ注目したい銘柄と言えるでしょう。

ヒト・コミュニケーションズ <3654>

ヒト・コミュニケーションズは、家電量販店に対して家電・通信関連の営業支援を行う、販売支援会社です。

UCギフトカードは、百貨店、スーパー、ホテルなど、全国60万店以上でご利用いただける共通商品券です。

このギフトカードは汎用性が高く、投資家にも人気の高い優待内容だと考えられます。

同社の優待を求めて、優待の権利確定の直前には、買いが集まりやすい傾向が見られています。7月の間は、同社株の動向にぜひ注目しておきたいところです。

7月に買いたい優待銘柄を徹底検証！

シベール＜2228＞

勝率：100.00%　平均損益（率）：1.99%

優待内容名		優待獲得株数	備考
自社製品（限定ラスクセット）	3,000円相当	100株以上	―
	6,000円相当	500株以上	―

ヒト・コミュニケーションズ＜3654＞

勝率：100.00%　平均損益（率）：9.33%

優待内容名	優待獲得株数	備考
1,000円相当のUCギフトカード	100株以上	―

カワサキ＜3045＞

勝率：88.89%　平均損益（率）：4.67%

優待内容名		優待獲得株数	備考
①ハンカチまたは ②自社製品	①1枚または ②1,500円相当	100株以上	※毎年、会社が①または②を選定
	①2枚または ②3,000円相当	200株以上	

キャリアリンク＜6070＞

勝率：100.00%　平均損益（率）：10.50%

優待内容名		優待獲得株数	備考
クオカード	1,000円相当	100株以上	―
	2,000円相当	300株以上	―

データ集計期間：1990年3月1日～2015年6月30日

7月のうちに仕込んでおきたい優待銘柄４選

カワサキ <3045>

カワサキは、西欧の高級ハンカチやタオルを輸入している、服飾品の製造・販売会社です。ほかにも、賃貸倉庫業も展開しています。

同社の優待では、ハンカチまたは自社製品を受け取ることができます。

女性の方にとっては実用品として人気が高いため、投資家からも注目されやすい優待内容だと考えられます。

同社の優待人気からか、同社の株価は7月から8月にかけて、上昇傾向が見られています。

優待の権利確定までの期間には上昇余地が広がる見込みがあると考えられるでしょう。

２００９年～２０１５年の7年連続で、同社の株価は7月に値上がりしました。このシーズンは、同社株の動向に注目したいところです。

キャリアリンク <6070>

キャリアリンクは、年金記録調査業務などへの人材派遣を行う、人材派遣会社です。

同社の優待であるクオカードは、コンビニでも利用できることから、非常に人気の高い優待内容として知られています。

汎用性の高い同社の優待を手に入れるため、権利確定の直前には、投資家からの買いが集まりやすいと考えられます。

過去のデータを集計すると、２０１３年、２０１４年、２０１５年の３年連続で、同社の株価は7月に上昇しています。この結果から、同社の株価は7月に上昇傾向が強いと言えるでしょう。

7月に仕込んでおきたい優待銘柄

「7月はじめ〜優待権利確定の直前（8月下旬）」までの
期間に株価が上がりやすい8月の優待銘柄 TOP10

1位	シベール<2228>（食品）
2位	ヒト・コミュニケーションズ<3654>（ギフト券）
3位	カワサキ<3045>（日用品）
4位	キャリアリンク<6070>（ギフト券）
5位	フジ<8278>（割引券／その他）
6位	ビックカメラ<3048>（ギフト券／家電）
7位	ジェイグループHD<3063>（食事券／食品）
8位	ライフフーズ<3065>（ギフト券／食品）
9位	大庄<9979>（食事券／食品）
10位	リンガーハット<8200>（食事券／食品）

データ集計期間：1990年3月1日〜2015年6月30日

POINT
7月に優待銘柄を買うときの3つのポイント！

・8月優待の株は約100銘柄と多め（2015年10月時点）
・上昇トレンドにある銘柄の方が注目されやすく、値上がりの傾向が強い
・売買代金の小さな株ほど値上がりの傾向が強い

8月のうちに仕込んでおきたい優待銘柄4選

東京一番フーズ <3067>

東京一番フーズは、ふぐ料理専門の外食チェーン。低価格が特徴です。同社の優待では、商品と引き換えることのできる優待券を受け取ることができます。様々な選択肢があることから、汎用性が高く、使い勝手のよい同社の優待は、投資家からの人気も高いと考えられます。

過去のデータを振り返ると、2010年から2015年の6年連続で、8月から同社の株価は上昇しました。同社の株価は例年8～9月にかけて上昇しやすい傾向があると言えるでしょう。この時期は注目しておきたいところです。

アクシアルリテイリング <8255>

アクシアルリテイリングは、子会社のスーパーマーケットが主力の持株会社です。新潟を地盤としており、回転寿司店舗も展開しています。

同社の優待券は、同社グループで使えることから使い勝手がよいと考えられ、投資家からの人気も高いことが期待できます。

優待の権利確定前には、同社の株式が買われやすいと考えられます。過去のデータを集計した結果、2008年～2015年の8年連続で、8月から同社の株価は上昇したことが分かりました。権利確定直前の8月～9月にかけて、同社の株価は上昇しやすいと言えるでしょう。8月に株を買うときは、同社株の動向に注目してみてはいかがでしょうか。

8月に買いたい優待銘柄を徹底検証！

東京一番フーズ<3067>

勝率：88.89%　平均損益（率）：4.78%

優待内容名		優待獲得株数	備考
株主優待券	1枚	500株以上	※1枚につき「泳ぎとらふぐコース」1人前等複数より1点選択 ※15年のみ優待券の枚数は2倍
	2枚	1,500株以上	
	3枚	2,500株以上	
	4枚	3,500株以上	
	5枚	4,500株以上	

アクシアルリテイリング<8255>

勝率：86.67%　平均損益（率）：5.21%

優待内容名		優待獲得株数	備考
株主優待券（100円）	15枚	100株以上	※1,000円以上の買物につき1,000円ごとに1枚利用可 ※株主優待券に代えて商品数点より1点選択可
	30枚	500株以上	
	50枚	1,000株以上	
	100枚	2,000株以上	
	150枚	3,000株以上	
	200枚	4,000株以上	
	250枚	5,000株以上	

大森屋<2917>

勝率：86.67%　平均損益（率）：3.33%

優待内容名	優待獲得株数	備考
3,000円相当の自社製品（味付けのり）	1,000株以上	（9月のみ）
2,000円相当の自社製品詰め合わせ	1,000株以上	（3月のみ）

スターフライヤー<9206>

勝率：100.00%　平均損益（率）：2.74%

優待内容名		優待獲得株数	備考
株主優待券（普通運賃50%割引）	100株毎に3枚	100株以上	※1枚につき国内定期路線片道1区間割引
	6,000枚	20万株以上	
オリジナルカレンダー		100株以上	（9月のみ）

データ集計期間：1990年3月1日～2015年6月30日

8月のうちに仕込んでおきたい優待銘柄4選

大森屋 <2917>

大森屋は、加工海苔の製造が主力の食品メーカーです。他、ふりかけなども製造しています。

同社の優待は食品で、年に2回受け取れることからお得感もあり、人気のある優待だと考えられます。特に海苔は高級品でもあるため、優待目的に同社の株式を購入する投資家も多いと期待できます。

過去のデータを集計したところ、同社の株価は、8月初め～9月下旬の期間に、約85％の確率で上昇したことが分かりました。

同社の株価は8月～9月にかけて上昇しやすい傾向があるため、これからの時期は同社株に注目したいところです。

スターフライヤー <9206>

スターフライヤーは、北九州空港を拠点とした航空運送事業を行う、航空会社です。

同社の優待は、国内定期路線の割引を受けられる株主優待券です。同社を利用して移動をすることの多い方にとっては、非常に魅力的な優待内容でもあることから、投資家にとっても人気が高い優待だと考えられます。

過去のデータでは、2012年～2015年の4年間連続で、同社の株価は8月に上昇しやすい傾向が掴めています。優待を獲得するため、多くの投資家が同社の株を購入しているのだと考えられるでしょう。

同社の株価は8～9月に上昇傾向が強く見られることから、これからの時期はぜひ注目しておきたい銘柄と言えるでしょう。

8月に仕込んでおきたい優待銘柄

「8月はじめ～優待権利確定の直前（9月下旬）」までの期間に株価が上がりやすい9月の優待銘柄TOP10

1位 **広島電鉄＜9033＞**
（割引券／ギフト券／レジャー／その他）

2位 **アクシアルリテイリング＜8255＞**
（ギフト券／食品）

3位 **大森屋＜2917＞**
（食品）

4位 **スターフライヤー＜9206＞**
（割引券／乗り物）

5位 **東京一番フーズ＜3067＞**
（ギフト券／食品）

6位 **三洋堂ＨＤ＜3058＞**
（割引券／ギフト券／文具／映画／音楽／本／玩具）

7位 **センコン物流＜9051＞**
（食品）

8位 **コロワイド＜7616＞**
（ギフト券／食品）

9位 **梅の花＜7604＞**
（食品／割引券）

10位 **マルシェ＜7524＞**
（食事券／食品／その他）

データ集計期間：1990年3月1日～2015年6月30日

POINT

8月に優待銘柄を買うときの3つのポイント！

・優待権利確定銘柄が約400銘柄と1年の中で2番目に多い（2015年10月時点）
・相場全体が冷え込みやすい時期なので、値上がり益は得づらい
・下落トレンドにある銘柄は値上がりの傾向がなく、購入メリットが薄い

9月のうちに仕込んでおきたい優待銘柄4選

アヲハタ <2830>

アヲハタは、キユーピーの子会社の食品会社で、家庭用ジャムの製造や販売が強みです。

ジャムやパスタソースなどは、食品として使い勝手がよいことから、若い方から高齢者まで、幅広い層に人気の優待内容だと考えられます。

人気の高い優待内容であるため、同社株は優待直前に買いが集まりやすいでしょう。

統計的にも、同社の株価は優待直前に上昇しやすいことが分かっています。

過去のデータを集計したところ、同社の株価は、約90%の確率で9月から上昇しはじめました。これより、同社の株価はこの時期に上昇しやすいと言えるでしょう。

9月に投資する銘柄に困っている方は、ぜひ同社の動向に注目してみてはいかがでしょうか。

佐藤食品工業 <2923>

佐藤食品工業は、茶エキスや天然調味料、粉末酒などを製造する、食品会社です。

同社の優待内容は、お米や餅など、保存がきく便利な食品です。同社の優待は誰でも利用できるほか、使い勝手もよいことから、優待の権利が確定する直前には、多くの買いが集まると考えられます。

過去のデータを見てみると、同社の株価は9月初め～10月中旬にかけて、高確率で上昇したことが分かります。

以上の結果から、これからの9月の相場でも、上昇しやすい／下落しにくい銘柄であることが期待できるでしょう。この時期に、ぜひ注目すべき銘柄だと言えるでしょう。

9月に買いたい優待銘柄を徹底検証！

アヲハタ＜2830＞

勝率：92.31%　　平均損益（率）：5.82%

優待内容名		優待獲得株数	備考
自社製品（ジャム・パスタソース等）	1,000円相当	100株以上	—
	3,000円相当	1,000株以上	—

佐藤食品工業＜2923＞

勝率：88.89%　　平均損益（率）：10.29%

優待内容名		優待獲得株数	備考
自社製品詰め合わせ（餅・米飯）	1,000円相当	100株以上	—
	3,000円相当	1,000株以上	—
	5,000円相当	3,000株以上	—
	7,000円相当	5,000株以上	—

トーシン＜9444＞

勝率：61.54%　　平均損益（率）：10.22%

優待内容名		優待獲得株数	備考
優待カード ①商品券 ②自社グループ運営ゴルフ場プレー代金優待 ③同平日無料招待 ④同休日無料招待	①および②および③1ラウンド	100株以上	※①は自社直営店舗で優待カードを提示し携帯電話を購入または指定インターネット回線を新規契約するごとに贈呈。 ②③④は優待カードの提示により利用可
	①および②および③2ラウンドまたは④1ラウンド	1,000株以上	
	①および②および③3ラウンドまたは③④各1ラウンド	1,500株以上	

巴工業＜6309＞

勝率：60.00%　　平均損益（率）：2.19%

優待内容名	優待獲得株数	備考
自子会社取扱商品	100株以上	—

データ集計期間：1990年3月1日～2015年6月30日

9月のうちに仕込んでおきたい優待銘柄4選

トーシン <9444>

トーシンは、ａｕ・ソフトバンクを中心とした、携帯電話販売代理店です。ほかにも、不動車事業やゴルフ場運営なども手がけています。

トーシンの優待は、同社の店舗で使える商品券や、ゴルフ場プレー代金優待などです。携帯電話の購入などにも役立つことから、人気のある優待内容だと考えられます。

同社の株価は9～10月に掛けて上昇しやすいため、この時期には注目しておきたい銘柄だと言えるでしょう。

巴工業 <6309>

巴工業は、遠心分離機の製造・販売を行っています。他にも、中国子会社では、化学工業製品を手がけています。

嗜好品としてのワインは優待としても人気が高いと考えられ、優待の権利確定の直前には買いが集まると思われます。

同社の株価は優待権利確定の直前に上がりやすい傾向があるため、2～3ヶ月前に購入しておきたいところです。

特に、同社の過去の株価データを集計したところ、60％の確率で9月から株価が上昇しはじめたことが分かりました。相場全体が低迷しがちな9月の相場では、同社のように魅力的な株主優待を配布している銘柄に注目すれば、リスクを小さく抑えられると期待できるでしょう。

9月に仕込んでおきたい優待銘柄

「9月はじめ～優待権利確定の直前（10月下旬）」までの期間に株価が上がりやすい10月の優待銘柄TOP10

1位	アヲハタ＜2923＞	（食品）
2位	佐藤食品工業＜2814＞	（食品）
3位	東和フードサービス＜3329＞	（食事券／食品）
4位	トーシン＜9444＞	（招待券／割引券／レジャー／その他）
5位	巴工業＜6309＞	（食品）
6位	パーク24＜4666＞	（乗り物／ギフト券）
7位	東建コーポレーション＜1766＞	（割引券／ギフト券／食品／住まい／レジャー／ホテル）
8位	星野リゾート・リート投資法人＜3287＞	（割引券／ホテル）
9位	トーエル＜3361＞	（食品／日用品）
10位	メガネスーパー＜3318＞	（割引券／ギフト券）

データ集計期間：1990年3月1日～2015年6月30日

POINT

9月に優待銘柄を買うときの3つのポイント！

- 10月優待の株が約30銘柄と少ないため、優待狙いの投資家からの資金が集中しやすい（2015年10月時点）
- 下落トレンドにある銘柄は値上がりの傾向がなく、購入メリットが薄い
- 金融系の業種は冷え込みやすいため、優待銘柄でも値上がり期待は薄い

10月のうちに仕込んでおきたい優待銘柄４選

サムティ <3244>

サムティは、不動産流動化をモットーとした不動産デベロッパーです。不動産分譲や、不動産賃貸事業を柱としています。同社の優待は、ホテル宿泊の割引券や、無料宿泊券です。旅行好きな方にとっては、非常に魅力的な優待内容だと言えるでしょう。同社の優待内容は魅力度が高いことから、同社の株価は、優待の権利確定が行われる直前に上昇しやすい傾向が見られています。

過去の株価データを集計したところ、2010年から2014年の5年間連続で、同社の株価は10月から上昇しはじめています。以上の結果から、同社の株価は10月はじめから上昇しやすいと考えられます。

カブドットコム証券 <8703>

カブドットコム証券は、インターネット証券を運営する、三菱UFJ系の証券会社です。

同社の株主優待は、株式を長く保有するだけ取引手数料が安くなることから、ネット証券で活発に売買されている方にとっては、非常に魅力の高い優待内容だと言えるでしょう。同社株を保有するだけで、売買手数料が安くなることから、長く保有するだけ元をとりやすいと考えられます。

過去の株価データを集計したところ、2011年～2014年の4年間連続で同社の株価は10月から株価が上昇しました。過去10年間のデータを総合して見ても、10月から株価が上昇した確率が70%と非常に高い集計結果となりました。以上の結果から、この時期には同社の株価が上昇しやすいと言えるでしょう。

10月に買いたい優待銘柄を徹底検証！

サムティ<3244>

勝率：75.00%　平均損益（率）：6.31%

優待内容名		優待獲得株数	備考
①「センターホテル東京」・「センターホテル大阪」宿泊割引券（3,000円） ②「センターホテル東京」・「センターホテル大阪」無料宿泊割引券 ③「天橋立ホテル」宿泊割引券（上限20,000円）	①各1枚	100株以上	—
	②各1枚	200株以上	—
	②各1枚および③1枚	1,000株以上	—

カブドットコム証券<8703>

勝率：70.00%　平均損益（率）：5.38%

優待内容名		優待獲得株数	備考
自社証券口座に預託している自社株式の保有期間（①6カ月まで、②7-12カ月、③13-18カ月、④19-24カ月、⑤25カ月以上）に応じて現物株式取引の委託手数料を割引	①0.5%②0.8%③1.0%④1.3%⑤1.5%	100株以上	※購入翌月から割引
	①1.0%②1.5%③2.0%④2.5%⑤3.0%	400株以上	
	①1.5%②2.3%③3.0%④3.8%⑤4.5%	2,001株以上	
	①2.0%②3.0%③4.0%④5.0%⑤6.0%	4,001株以上	
	①2.5%②3.8%③5.0%④6.3%⑤7.5%	8,001株以上	
	①3.0%②4.5%③6.0%④7.5%⑤9.0%	12,001株以上	
	①3.5%②5.3%③7.0%④8.8%⑤10.5%	16,001株以上	
	①4.0%②6.0%③8.0%④10.3%⑤12.0%	20,001株以上	
	①5.0%②7.5%③10.0%④12.5%⑤15.0%	40,001株以上	

壱番屋<7630>

勝率：76.92%　平均損益（率）：3.11%

優待内容名		優待獲得株数	備考
優待券	1,500円相当	100株以上	※100の整数倍の店舗数になったごとに株数に応じて優待券を追加
	5,000円相当	500株以上	
	10,000円相当	1,000株以上	

ヴィレッジヴァンガードコーポレーション<2769>

勝率：66.67%　平均損益（率）：5.78%

優待内容名	優待獲得株数	備考
10,000円相当の買物券（1,000円×10枚）	100株以上	※1年以上2年未満継続して保有（株主名簿に連続3回以上5回未満記載）の株主には1枚、2年以上継続して保有（株主名簿に連続5回以上記載）の株主には2枚追加

データ集計期間：1990年3月1日〜2015年6月30日

10月のうちに仕込んでおきたい優待銘柄4選

ホテル、ニューグランド<9720>

ホテル、ニューグランドは、横浜港付近にある老舗ホテルを運営しています。同社の株主優待では、同社の運営するホテルでの宿泊割引や、飲食割引を受けることができます。

横浜が好きな方や、旅行を考えている方にとっては、魅力的な優待内容だと言えるでしょう。同社の過去の株価データを集計したところ、この時期に上昇しやすい傾向が見られます。同社の株価は10月から約70％の確率で上昇しました。よって、10月付近は同社の株は投資家に買われやすい時期だと言えるでしょう。10月から新たな株を買おうと考えている方は、同社の株に注目することで、利益を出しやすいことが期待できます。

ヴィレッジヴァンガードコーポレーション<2769>

ヴィレッジヴァンガードコーポレーションは、書籍や雑貨などを販売しています。同社のコンセプトは「遊べる本屋」で、若者を中心に人気の高い事業を展開しています。

同社の優待では、同社の運営する店舗で利用できる買物券が受け取れます。優待利回りも高いことから、人気の高い優待内容だと言えるでしょう。また、同社株を長く保有するほど、受けられる優待内容も充実していくことから、長期保有するにはうってつけな銘柄とも考えられます。同社の過去の株価データを集計すると、約66％の確率で10月から同社の株価は上昇しはじめたことが分かりました。優待内容の充実を狙っている方でも、この時期に投資をし始めることで、値上がり益と株主優待の両方を総取りできるかもしれません。

10月に仕込んでおきたい優待銘柄

「10月はじめ～優待権利確定の直前（11月下旬）」までの期間に株価が上がりやすい11月の優待銘柄TOP10

順位	銘柄	優待内容
1位	サムティ＜3244＞	（割引券／ギフト券／ホテル）
2位	カブドットコム証券＜8703＞	（商品割引）
3位	壱番屋＜7630＞	（食事券）
4位	ホテル、ニューグランド＜9720＞	（食事券／割引券／ホテル／その他）
5位	ヴィレッジヴァンガードコーポレーション＜2769＞	（ギフト券）
6位	キャンドゥ＜2698＞	（ギフト券）
7位	スターマイカ＜3230＞	（ギフト券／日用品）
8位	ドミー＜9924＞	（食品）
9位	大光＜3160＞	（ギフト券）
10位	テーオー小笠原＜9812＞	（食品）

データ集計期間：1990年3月1日～2015年6月30日

POINT 10月に優待銘柄を買うときの3つのポイント！

- 11月優待の株は約30銘柄と少ないため、優待狙いの投資家からの資金が集中しやすい（2015年10月時点）
- 低位株は上昇傾向が見られないため、投資するのはリスクが大きいと考えられる
- 下落トレンドにある銘柄は値上がりの傾向がなく、購入メリットが薄い

11月のうちに仕込んでおきたい優待銘柄４選

ブロンコビリー <3091>

ブロンコビリーは、ステーキやハンバーグ専門レストラン「ブロンコビリー」を運営しています。

同社の優待では、ブロンコビリーで利用できる食事優待券を受け取ることができます。

ステーキやハンバーグにあまり興味の無い方でも、同社の優待券の代わりに、最高級の魚沼産コシヒカリを受け取ることができます。

お米は保存がきき利便性が高いので、優待としても非常に人気が高いと言えるでしょう。

同社の優待人気は非常に根強いと考えられます。２００８年〜２０１４年の7年連続で11月から値上がりし始めました。この結果から、同社の株価が11月から値上がりしやすいと言えはでしょう。11月からの投資先に困っている方は、ぜひ同社の動向に注目してみてはいかがでしょうか。

ノバレーゼ <2128>

ノバレーゼは、結婚式場を運営している会社です。式場運営の他にも、飲食事業も手がけています。

同社の優待は、6月と12月の2回受け取れるため、お得感のある優待内容だと言えるでしょう。

また、12月の優待では映画鑑賞券も受け取れることから、より充実した優待内容となっています。

レジャーが好きな方に人気な同社の優待。この優待を受け取るため、同社優待の権利確定直前には、株価が上昇する傾向が見られています。

11月に買いたい優待銘柄を徹底検証！

ブロンコビリー<3091>

勝率：100.00%　　平均損益（率）：4.13%

優待内容名		優待獲得株数	備考
①食事優待券 または ②新潟県魚沼産 コシヒカリ	①1,500円相当	100株以上	—
	①3,000円相当または②2kg	200株以上	—
	①5,000円相当または②4kg	500株以上	—
	①8,000円相当または②5kg	1,000株以上	—
	①15,000円相当または②10kg	2,000株以上	—

ノバレーゼ<2128>

勝率：88.89%　　平均損益（率）：10..75%

優待内容名		優待獲得株数	備考
レストラン優待券（30%割引）1枚		100株以上	※自社レストランで利用可
株主限定カタログギフト（20%割引）1冊		100株以上	—
映画鑑賞券	1枚（12月のみ）	200株以上	—
	1枚	400株以上	—
	2枚	800株以上	—

ダンロップスポーツ<7825>

勝率：88.89%　　平均損益（率）：6.99%

優待内容名		優待獲得株数	備考
①ゴルフボール ②テニスボール ③自社グループ製品 （タオル等） ④クオカードいずれか	①6個または②12個または ③または④1,000円相当	100株以上	※③は100株以上1,000株未満の株主と1,000株以上の株主では内容が異なる
	①12個または②24個または ③または④2,000円相当	1,000株以上	

東計電算<4746>

勝率：87.71%　　平均損益（率）：6.30%

優待内容名	優待獲得株数	備考
おこめ券（2Kg）2枚	100株以上	–

データ集計期間：1990年3月1日～2015年6月30日

11月のうちに仕込んでおきたい優待銘柄4選

ダンロップスポーツ <7825>

ダンロップスポーツは、スポーツ用品を製造・販売するメーカーです。同社はゴルフクラブや、テニス用品などを販売しています。

同社の優待では、同社が製造するゴルフ用品やテニス用品を受け取ることができます。

ゴルフやテニスをしている方にとっては、非常に魅力的な優待内容だと言えるでしょう。

スポーツにあまり興味の無い方でも、代わりにクオカードを受け取ることができるため、汎用性の高い優待内容として人気が高いと期待できるでしょう。

東計電算 <4746>

東計電算は、業務システムの開発・運用・保守を手掛ける情報処理会社です。パソコンおよび周辺機器の販売も展開しています。

同社の優待では、おこめ券2キロ分を受け取ることができます。お米と言えば、保存がきき利便性の高い食品です。同社の優待は誰でも利用できるほか、使い勝手もよいことから、優待の権利が確定する直前には、多くの買いが集まると考えられます。

同社の過去の株価データを集計したところ、2004年～2014年の11年連続で11月から同社の株価が値上がりしました。このように、同社の株価は11月から値上がりしやすいと考えられます。このシーズンには、同社株に早めに注目しておきたいところです。

11月に仕込んでおきたい優待銘柄

「11月はじめ〜優待権利確定の直前（12月下旬）」までの期間に株価が上がりやすい12月の優待銘柄TOP10

1位 かんなん丸＜7585＞
（食事券／食品）

2位 ブロンコビリー＜3091＞
（ギフト券／食品）

3位 ノバレーゼ＜2128＞
（食事券／ギフト券／映画）

4位 ダンロップスポーツ＜7825＞
（ギフト券／衣料品／日用品）

5位 京都ホテル＜9723＞
（割引券／ホテル）

6位 東計電算＜4746＞
（食品／ギフト券）

7位 きちり＜3082＞
（ギフト券／食品）

8位 ソルクシーズ＜4284＞
（食品）

9位 美樹工業＜1718＞
（食品）

10位 小僧寿し＜9973＞
（割引券）

データ集計期間：1990年3月1日〜2015年6月30日

POINT

11月に優待銘柄を買うときの3つのポイント！

・12月優待の株は約130銘柄と多い（2015年10月時点）ため、慎重に銘柄を選ばないと、値上がり益は得づらい
・売買が活発な大商い株には上昇傾向が見られない
・下落トレンドの株はこの時期に損切りされやすいため、上昇トレンドの株を狙った方が利益を得やすい

12月のうちに仕込んでおきたい優待銘柄4選

オーエムツーネットワーク <7614>

オーエムツーネットワークは、中国地方が地盤の食肉小売りチェーンです。同社の優待では、1月に自社オリジナル商品の割引販売が受けられます。食品は誰からも需要があることから、非常に使い勝手が良く、人気の優待内容です。

優待の人気からか、12月初め～1月中旬にかけて同社の株は買われやすい傾向が見られます。

同社株はこの時期、90%以上の確率で値上がりしていることから、非常に人気の高い優待銘柄だと考えられます。同社の過去の株価データを集計したところ、２０１０年～２０１５年の6年連続で12月から同社の株価が値上がりしました。このように、同社の株価は12月から値上がりしやすいと期待できます。12月からは同社に注目してみてはおいかがでしょうか。

ユークス <4334>

ユークスは、ゲームソフトの開発が主力のソフトウェア開発会社です。携帯電話向けのコンテンツなどに注力しています。同社の優待は、３０００円相当の同社関連商品です。同社の優待利回りは高い水準を保っており、好優待銘柄として、人気が高いと考えられます。同社の優待内容は投資家からの注目度が高いことから、12月初め～1月中頃までの間は上昇しやすいと考えられます。

同社の過去の株価データを集計したところ、２００３年～２０１４年の12年連続で12月から同社の株価が値上がりしました。以上の結果より、同社の株価は12月から上昇しやすいと言えるでしょう。

12月に買いたい優待銘柄を徹底検証！

オーエムツーネットワーク＜7614＞

勝率：93.33%　　平均損益（率）：6.23%

優待内容名		優待獲得株数	備考
自社オリジナルギフト商品（和牛肉・ハム・ソーセージ等）の30%割引販売		100株以上	（1月、7月）
自社取扱商品（ハム・ソーセージ等）または食事券	3,000円相当	500株以上	（7月のみ）
	5,000円相当	1,000株以上	※食事券は「アウトバックステーキハウス」で利用可

ユークス＜4334＞

勝率：92.31%　　平均損益（率）：26.09%

優待内容名	優待獲得株数	備考
3,000円相当の自社または自社関連商品	100株以上	※15年はラバーコースター4枚セット

きんえい＜9636＞

勝率：88.89%　　平均損益（率）：2.61%

優待内容名		優待獲得株数	備考
株主招待券（毎月6カ月分6枚で1綴）	1枚	75株以上	—
	2枚	150株以上	—
	4枚	300株以上	—
	6枚	450株以上	—
	10枚	750株以上	—
	14枚	1,050株以上	

トーホー＜8142＞

勝率：84.21%　　平均損益（率）：2.01%

優待内容名		優待獲得株数	備考
買物割引券（100円）	50枚	1,000株以上	※自社グループ店舗で1,000円以上の買物につき1,000円ごとに1枚
	100枚	2,000株以上	
自社選定商品		1,000株以上	（1月のみ）
2,000円相当の自社商品（株主限定コーヒー）		1,000株以上	（7月のみ）

データ集計期間：1990年3月1日～2015年6月30日

12月のうちに仕込んでおきたい優待銘柄4選

きんえい <9636>

きんえいは、近鉄系の映画興行会社です。近畿地区を中心に、複合映画館や商業施設を運営しており、不動産賃貸なども手がけます。

同社の優待は、「あべのアポロシネマ」で利用可能な、映画招待券です。映画好きの方には非常に人気の高い優待であり、年2回（1月末、7月末）に優待を得られることから、お得感もあるようです。

過去のデータを集計したところ、12月〜1月にかけて、同社の株価は上がりやすい傾向が見られています。この時期に投資する銘柄選びに困っている方や、同社の優待を狙っている方は、12月あたりから同社株の動向に注目してみてはいかがでしょうか。

トーホー <8142>

トーホーは、外食産業向けに食材を供給している、食品卸会社です。他にも、『A-プライス』などの食品スーパーも展開しています。

同社の優待は、「買い物割引券」と自社選定製品です。株主優待は年に2回受け取れるため、非常に充実した優待内容だと言えるでしょう。

同社の株主優待は、投資家からの人気も高いと考えられ、12月初め〜1月中旬にかけて、値上がりしやすいということが分かっています。

直近19年間では、12月以降に株価が上昇した確率は80％を超えており、早めに仕込んでおくとよいでしょう。

12月に仕込んでおきたい優待銘柄

「12月はじめ～優待権利確定の直前（1月下旬）」までの期間に株価が上がりやすい1月の優待銘柄TOP10

順位	銘柄	優待内容
1位	オーエムツーネットワーク<7614>	（食事券／割引券／食品）
2位	ユークス<4334>	（日用品）
3位	きんえい<9636>	（映画／招待券）
4位	ながの東急百貨店<9829>	（割引券／招待券）
5位	トーホー<8142>	（割引券／食品）
6位	不二電機工業<6654>	（ギフト券）
7位	クロスプラス<3320>	（衣料品／ギフト券／レジャー）
8位	ミサワ<3169>	（食事券／割引券／日用品）
9位	サムコ<6387>	（ギフト券）
10位	東京楽天地<8842>	（招待券／映画）

データ集計期間：1990年3月1日～2015年6月30日

POINT 12月に優待銘柄を買うときの3つのポイント！

- 1月優待の株は約30銘柄と少ないため、優待狙いの投資家からの資金が集中しやすい（2015年10月時点）
- 売買代金の小さな株ほど値上がりの傾向が強い
- 下落トレンドの株はこの時期に損切りされやすいため、上昇トレンドの株を狙った方が利益を得やすい

column

塩漬け＝ナンセンス

塩漬けする（損がふくらんでしまい株が売れない）のは投資家として失格です。なぜなら、「損をしたくない」というつまらないプライドのせいで、新しい投資のチャンスをことごとく無駄にしてしまっているから。株式投資で本当に大切なのは「4W2H」だけ。「もしかしたら、損がなくなるかも」なんていう妄想は捨てましょう。「もしかしたら」なんて、自分にコントロールできないものに身をゆだねて上達できるはずがないのです。相場はあなたの都合に合わせて動いてはくれません。ですから、相場がどのように動いても生き残れるように、あなたが相場に合わせなければなりません。そして、そのためにできるのは全て「4W2H」に集約されるのです。塩漬けは「もしかすると、株価が（自分のために）上がるかも？」という甘えです。そんなことで立ち往生するくらいなら、きちっと損を確定し、「塩漬けにならないために注意すべきことは何か？」を真剣に考え、次のステップにつなげるべきです。

PART 5 予習編

株3年生になる前に、学んでおきたいこと

株3年生が知っておきたい「システムトレード」とは？

利益につながる投資法だけを繰り返す

システムトレードとは、過去に利益を出せた4W2Hの組み合わせに基づいて、感情に左右されず機械的に売買するトレード手法です。

利益を出している投資家の多くは、何らかの根拠をもって株式の売買を行っています。例えば、企業の価値に着目して投資をするタイプならば、PERやPBRといった指標をもとに「割安な株」を購入しているでしょう。

投資している本人は気付いていない、直感的なものかもしれません。ですが、これは過去に「PERが○○倍以下の銘柄を買えば利益になった（例）」という実績が根拠になっているはずです。テクニカル（チャート）分析重視派の投資家ならば、「テクニカル指標のひとつであるRSIが20以下になったときに買い、RSIが80以上になったら売る」といった形でトレードをしているでしょう。

投資に限らず、受験勉強やスポーツなど多くの分野で**成功する秘訣は、「過去のパターンを分析し、成功しているパターンの特徴を見つける」**ことだと言えるでしょう。

それと同時に、「損につながるものは徹底的に回避する」のも大切です。トレードや投資もまったく同様で、「過去にあるパターンが現れたときに売買していたら利益になった」という実績を根拠に投資を行うのが理想的です。

そして、システムトレードこそが、「収益を増やし」「損失を減らす」ノウハウを最大限に詰め込んだ、継続的に利益を出せる投資法だと言えるでしょう。

システムトレードとは何か？

収益が出たときの4W2Hを考え抜く

利益が出たときは、自分の投資法が適切だったということ。もう1度同じように利益を得るために、「どうして成功できたのか？」を考え、利益の法則を見極めます。

そして、**システムトレードでは利益につながる投資だけを繰り返すのです。**

損失が出たときの4W2Hを考え抜く

損失が出たときは、自分の投資法が不適切だったということ。二度と同じ過ちを繰り返さないために、「どうして損してしまったのか？」を考え、損失の根拠を見極めます。

そして、**システムトレードでは損失につながる投資は二度と繰り返さないのです。**

POINT

「利益が大きく」「損失が小さな」投資を繰り返す

システムトレードでは、「利益につながる投資」だけを繰り返し、それ以外の投資には一切手を出しません。ですから、収益につながる可能性の高いときにだけ、投資することができるのです。システムトレードでは、「過去に利益を出せた4W 2Hの組み合わせ」に基づいて投資を繰り返します。安定した利益を出したトレードを同じように繰り返すため、将来も安定した利益が得られると期待できます。

株3年生からはじめる「システムトレード」のメリット

着実に、長期的な利益を出す

　システムトレードでは、一般的に複数のテクニカル指標や財務指標を用い、システムに買いのサインが出たら買いの注文を出し、売りのサインがでたら売りの注文を出します。この作業を毎日、毎月、毎年…ひたすら淡々と繰り返すというシンプルな投資法です。

　もっと言い換えると、システムトレードは、過去の相場で利益の出た「4W2H」の組み合わせを見つけ出し、その「4W2H」に合わせた投資を淡々と繰り返す、という投資法です。

　同じ投資手法を淡々と繰り返すため、**この投資手法には「大成功」や「大失敗」はありません。あるのは、「中くらいの利益」と「小さな損失」くらいでしょう。**

　安定した利益を求める「本気の投資家」にはぜひ学んでいただきたい投資手法です。

　システムトレードで難しいのは、有効に機能するシステムを作り上げることです。

　過去何年分もの株価データを分析し、有効な手法を探り当て、実践し、改良を加えていくというかなりの労力がかかるからです。ですが、一度有効に機能するシステムを作り上げてしまえば、後はシステムが出す指示の通りに売買するだけですので、それほど労力がいりません。

　そういった意味では「着実に・長期的に利益を出したい」という投資家の方には向いているトレード手法だと言えるでしょう。

　他にもシステムトレードで得られるメリットは沢山あります。それぞれについては、左ページを参照して下さい。

システムトレードの３つの長所

メリット①　時間を節約できる

いつも同じ投資法をシンプルに繰り返すだけなので、銘柄探しにかかる時間を最小限にとどめることができます。この投資法に慣れれば１日５分で魅力的な銘柄を見つけるのも夢ではないでしょう。

メリット②　精神的な負担を軽減できる

システムトレードでは、投資法を全て明確に定義していきます。自分のすべきことがすべて明確化されるため、判断に迷うことがなくなります。今まで不安で眠れなかったという方も、ぐっすりと眠れるようになるでしょう。

メリット③　利益・損失を予想できるため破産しにくい

過去の投資記録やバックテスト（過去の相場の分析）の結果を使って、投資法の正当性を確かめるため、「１回あたりの投資で、平均でどれくらいの利益が期待できるのか」「最悪の場合、どれくらい損が膨らむおそれがあるのか」を明確にすることができます。自分の投資法を定量的に見積もることができることから、破産のリスクを最小限にとどめることができます。

POINT

失敗につながる３つの原因を全て排除できる！

「時間がない」「不安過ぎて続けられない」「株を買い過ぎてしまう」という３つの理由。これらの３つの点のせいで、多くの投資家たちが損を膨らませ、相場から退場してしまいます。システムトレードでは、この３つの「不安」を一気に解決できるでしょう。

株3年生からの「システムトレード」の実践方法

プロ以上の実力を手に入れよう!

システムトレードを実践するためには大量のデータが必要です。それと同時に、簡単にデータを分析できる道具が要るでしょう。

過去の株価データを分析する方法はエクセルなどの表計算ソフトを使って分析する方法や、市販のソフトウェアを使って分析する方法があります。また最近ではネット証券のツールでも簡単な分析ならできるようになりました。まずは私が使っているシステムトレードソフトのような無料のソフトから始めてみるのがよいでしょう。

ソフトを使うことで、「過去の相場で、自分の投資法はどれくらいの利益を出していたのか?」を確かめることができます。

たとえば、あなたが「1日で株価が10%以上下がった、急落中の株を買う」という投資をしているとしましょう。あなたなりのこの投資ルールを、過去の相場に当てはめて、全ての株価データと照合しながら、「本当に利益が出やすい投資法だったのか?」を確認していくのです。

このように、過去の相場で上手くいっていた投資法を探し出し、真似をしながら運用することで、**プロの投資家以上のリターンを得ることも不可能ではない**でしょう。

ただし、テレビで取り沙汰されているような「1日で1億円稼ぐ」のように、大当たりすることもありません。「大ハズレもしないし、大当たりもしない」。そんな着実かつ安定した投資法を求めている方にこそ、向いている投資手法だと言えるでしょう。

システムトレード実践のステップ

ステップ① 過去の相場を分析するソフトを手に入れる

株で上達するためには、過去の相場を詳しく調べる必要があります。ですから、効率的に分析できる環境を用意しておくのが良いでしょう。そこでオススメなのが、無料ソフト「システムトレードの達人（フリー版）」です。期間限定で無料で利用できますので、ぜひダウンロードしてみてください。

http://sys-tatsu.com/systemtrade_free_07yfhira/index.html

ステップ② 過去の相場で利益を出せた投資法を探す

素晴らしい投資法は、過去の相場でも大きな利益を出しているでしょう。このことを裏返せば、過去の相場でも利益を出せる投資法なら、これからも利益を出せる可能性があるということです。「歴史は繰り返す」という格言もあるとおり、過去に利益を出せた投資法ならば、これからの未来も利益をもたらしてくれると期待できるのです。

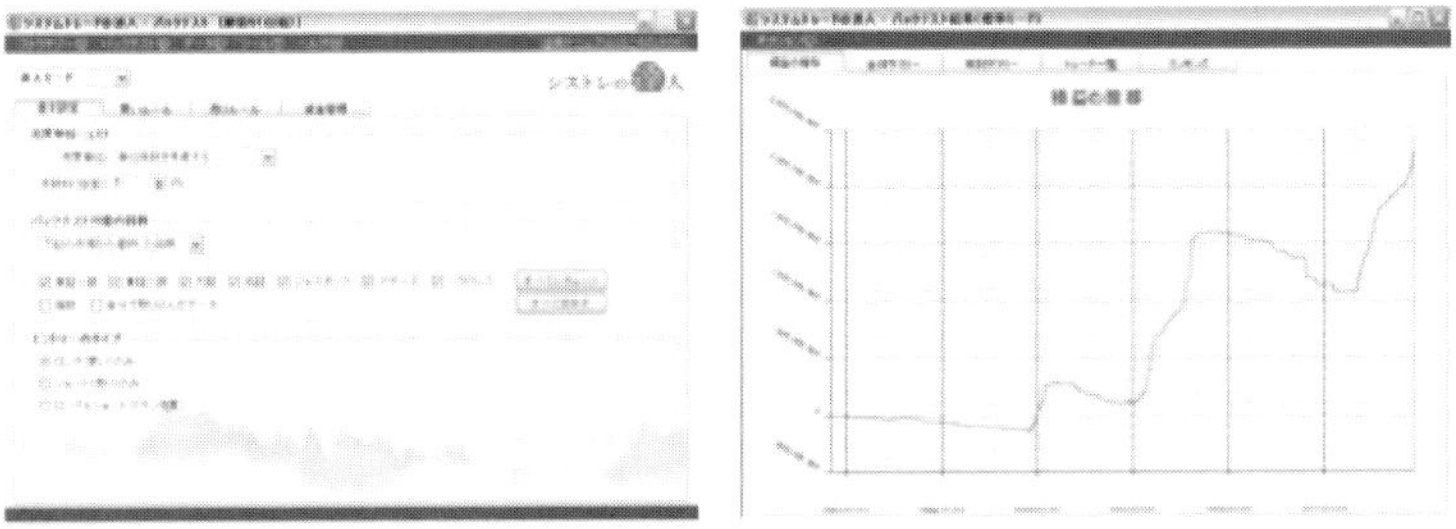

※分析ソフト「システムトレードの達人」設定画面と分析画面

POINT

勝てる投資家になるための秘訣を学ぼう！

「勝てる投資家」が「負ける投資家」よりもはるかに優れている点。それは、「ケーススタディ」の量です。勝てる投資家たちは、数千～数万におよぶ数々の投資例を頭に叩きこみ、利益につながる株を徹底的に見極めます。つまり、過去の相場への理解度が格段に違うのです。システムトレードでは、彼らが数年～数十年かけて学ぶことを、わずか数分で分析できます。そのため、上達のスピードが段違いに早いと言えるでしょう。

システムトレードを使った3大投資スタイル

優れた投資法を手に入れよう

ここまでは、システムトレードの考え方について紹介してきました。これからは、イメージしやすいように具体的な投資手法についてご説明します。

システムトレードでは株価の情報を使うのが一般的です。この理由は2つあります。

1つは株価は、個人が意図的に操作することはできないということ。

株価データは毎日更新されているため、常に新鮮な情報が手に入るからです。

システムトレードでは、株価のデータを中心に過去のデータを分析することで、利益につながりやすかった投資法を見つけ出します。本章では、株式投資の基本でもある、「順張り投資」「逆張り投資」「押し目買い投資」をシステムトレードに応用した結果を紹介します。

なお、それぞれの投資法の特徴については、左ページにて表でまとめています。各投資法の使い分け方を知るために、参考にして下さい。

これらの3つの投資法は、どれも統計的に裏打ちされており、優れた投資法だと言えるでしょう。

統計的にも裏打ちされた投資手法を身につけることで、精度が高く、勝ちやすい株式投資法が身につけられるでしょう。

さらに、統計的にも有利な投資法を組み合わせることで、常に安定した利益を出せる投資家になれるでしょう。

今すぐ使える3つの投資スタイル

システムトレードの3大投資法

上昇相場で使う「順張り投資」
勝率：約35%
平均損益率：約6.5%
プロフィット・ファクター：約1.5倍

下落相場で使う「逆張り投資」
勝率：約70%
平均損益率：約7.5%
プロフィット・ファクター：約2.5倍

ボックス相場で使う「押し目買い投資」
勝率：約65%
平均損益率：約3.5%
プロフィット・ファクター：約2.0倍

覚えておこう！
システムトレードでよく使う2つのキーワード

平均損益率（期待値）

1回の投資で見込める利益量。たとえば、平均損益率が5%で投資額が100万円のとき、投資で得られる利益は平均で5万円程度が期待できるということとなる。

プロフィット・ファクター（PF）

合計収益 ÷ 合計損失。この数字が大きいほど、利益を得やすい投資法と期待できる。PFが5倍の場合、「500万円を手に入れるためには、大体100万円の損失を経る必要がある」という目安になる。

POINT

「安定的に利益を出した投資法」を知ろう！

億万長者になった投資家たちの投資法を知りたいという方は多いはず。気持ちは分からなくありません。……が、彼らの投資法を知っても、殆どの方はその価値が分かりません。疑心暗鬼になり、信じない方がほとんどです。なぜなら、彼らの投資法がシンプル過ぎて、誰にでも思いつくようなものだからです。ですが、これが真実。優れた投資家ほど、当たり前のことを当たり前にこなしているだけの「地味な投資家」ばかりなのです。

システムトレードの観点から「順張り投資」を検証する

利大損小の長期投資

株価が年初来高値やここ数百日の高値を超えたとき、勢いづいて更に上昇することがよくあります。この現象は「上値の模索」と呼ばれています。株価が今までの最高値を上回ったときに、「じゃあ、この銘柄の株価は、どのあたりまで上がるべきなのだろうか？」と投資家たちが模索をしはじめます。このときは、空売りや利益確定売りをしようとしている投資家たちは手控える傾向が強いため、上値が軽く（株価が下がりづらく）、株価が上がりやすいと考えられます。

よって、「ある時点の高値を更新したら買い」という投資法が有効だと考えられます。そこで、この投資手法の有効性を確かめるため、過去の株価データを使って、この投資法を検証（バックテスト）してみましょう。

過去の運用成績は左ページに記載しています。グラフを見ていただくと、順張りの投資法を使うと上昇相場では特に、資金が増えていったという検証結果がわかります。実際に売買しようとすると手数料や運用資金量によってこのような簡単なルールで運用するのは難しく、更なるアレンジは必要です。しかし、大量のケーススタディをこなした上で、着実に勝てた投資手法を身につけることで、少なくとも勘で売買するよりは利益を得やすいでしょう。順張り投資の他にも、逆張り投資や押し目買い投資でも、同じように過去の取引をシミュレーションできます。

事前に投資テクニックをシミュレーションしておくことで、過去の相場でも利益を出しやすい投資法を編み出すことができるでしょう。

「順張り投資法」を検証しよう！

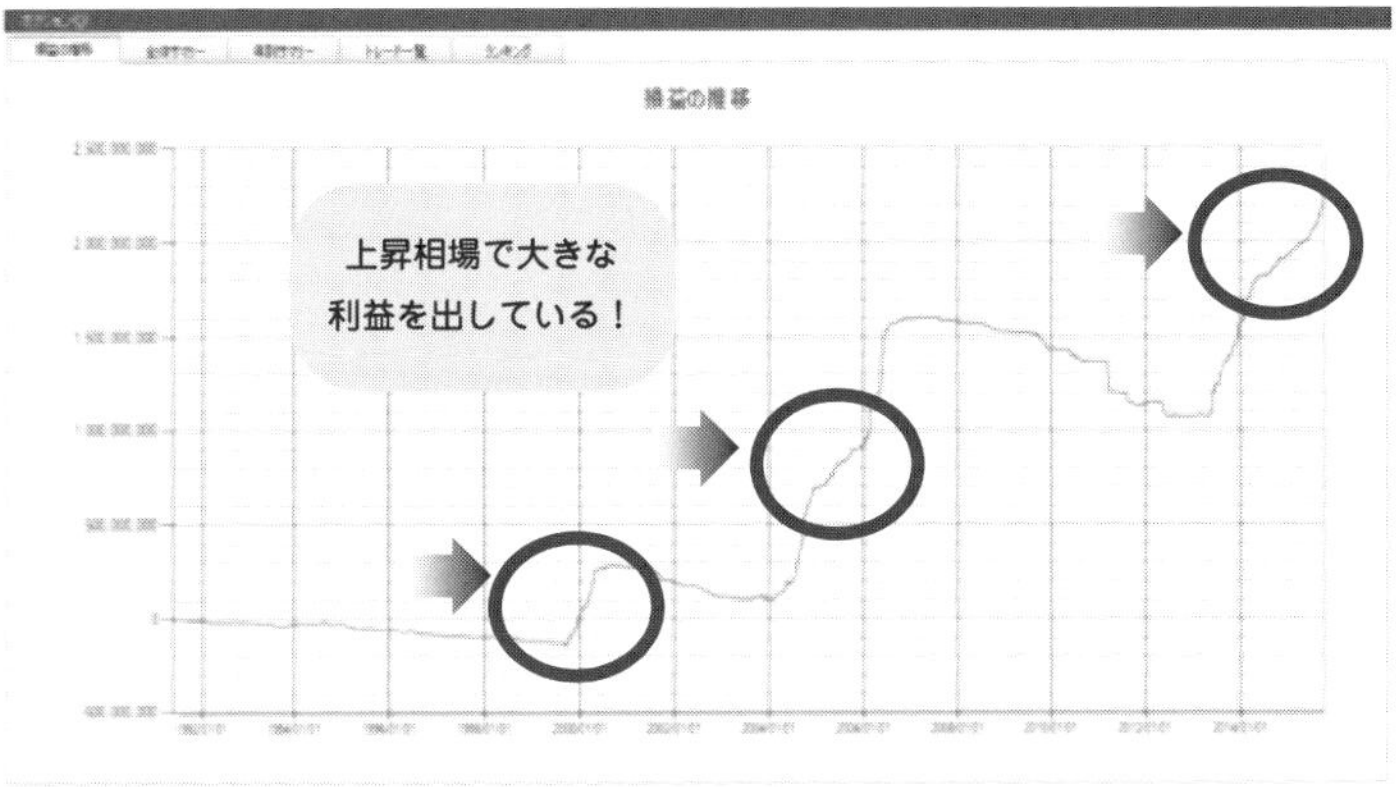

株を買うタイミング

直近営業日の高値が直近 250 営業日の最高値を更新したら、翌日に株を買う

株を売るタイミング

直近の終値が直近 60 営業日の終値の最安値を更新したら、翌日に株を売る

検証結果

期間：1990 年 3 月 1 日～2015 年 9 月 30 日

勝率：39.21%

勝ち数：14,110 回

負け数：21,879 回

引き分け数：252 回

平均損益率：6.56%

プロフィット・ファクター：1.827 倍

平均保持日数：164.95 日

年初来高値を更新した株をすぐに確認できる無料サイト（YAHOO! ファイナンス）

http://info.finance.yahoo.co.jp/ranking/?kd=29&mk=1&tm=d&vl=a

POINT

250 日の最高値を更新。その意味は…？

250 日は約 1 年間の営業日数を指しています。このページで紹介しているのは、「約 1 年間の最高値が更新された株を買う」という投資法です。この投資法は勝率こそ低いものの、上昇相場では大きな利益が得られると期待できます。

システムトレードの観点から「逆張り投資」を検証する

勝率70%以上の高勝率投資

リーマン・ショックや東日本大震災のときのような下落相場は、株価があまりに強烈に下がることから、オーバーシュート（＝やり過ぎ）とも呼ばれており、その後に株価が大きく反発する（＝リバウンドする）ことが多いと考えられます。

よって、「株価が急落したら買い」という投資法が有効でしょう。このような投資法を逆張り投資といいます。

それでは、この売買ルールで売買した場合について見てみましょう。

左ページに記載した検証結果のように、逆張り投資では、過去25年間の検証で勝率が70%を超える結果となりました。逆張りの投資法が、かなり高勝率な投資ができることがお分かりいただけるでしょう。逆張り投資を4回すれば平均して3勝できたため、かなり高い確率で利益が出た投資法だといえます。一方、平均損失が平均利益よりも大きいことから、損をするとダメージが大きいという弱点があります。安全に投資を続けるためには、「株を売るとき」や「利益確定する時期」を明確に決めて、損を膨らませないように工夫する必要があると言えるでしょう。

ここで紹介した投資法を実践するときには、左ページでご紹介しているURLで、急落株を毎日確認するのがオススメです。このサイトでは急落株を無料でチェックできるため、手軽に逆張り投資を実践できるようになります。

以上が、逆張り投資をしたときの検証結果です。では最後に、押し目買いの投資法についてシミュレーションをしてみましょう。

「逆張り投資法」を検証しよう！

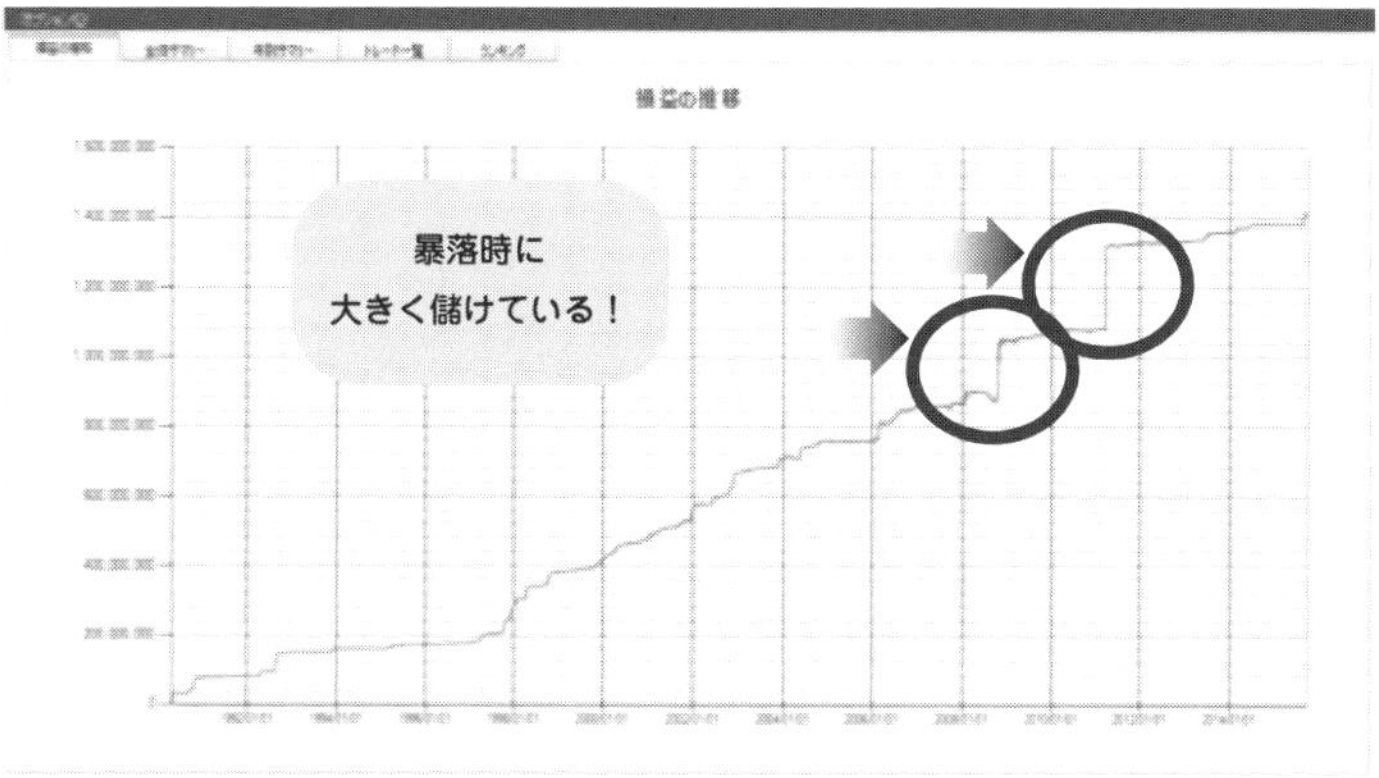

株を買うタイミング

終値が、移動平均（25日）×0.75以下
終値が、移動平均（5日）×0.90以下
上記2点を満たしたら、翌日に株を買う

株を売るタイミング

株を買った日から20日が経過する
終値時点で、含み益が10％以上となる
上記のいずれかを満たしたら、翌日に株を売る

検証結果

期間：1990年3月1日～2015年9月30日

勝率：73.94％
勝ち数：14,717回
負け数：5,186回
引き分け数：469回

平均損益率：7.56％

プロフィット・ファクター：2.550倍
平均保持日数：11.43日

ここ1ヶ月間、暴落している株をすぐ確認できるサイト（YAHOO! ファイナンス）
http://info.finance.yahoo.co.jp/ranking/?kd=20&mk=1&tm=d&vl=a

POINT
ここ1ヶ月・1週間で急落している株が狙い目

逆張り投資では「下がりきった」株に投資するのが、もっとも効率的に利益を出す方法です。そのときに参考にしたいのが、移動平均と直近終値の乖離率。これら2点を押さえることで、高勝率で、利益につながりやすい株を見つけ出すことができるでしょう。しかし、負けたときに大きな損失につながってしまうのが難点。1銘柄への投資額を最小限にとどめ、分散投資をするのが賢明でしょう。

システムトレードの観点から「押し目買い投資」を検証する

短期保有のコツコツ型

押し目買い投資では、上昇局面にある銘柄が急落したときに、株を買います。このような値動きは、上昇相場でも下落相場でもチャンスが多く、いつでも利益を出しやすいという特長があります。上値更新や下値更新といった目立った動きをしていない銘柄を対象としているため、さまざまな相場で安定的に利益が出せるようになると期待できるでしょう。

本項では、この投資手法が本当に有効なのかをシミュレーションしてみます。詳しい投資法と、過去の相場における検証結果を左頁に記載しています。ご覧ください。

押し目買いの投資法は、逆張り投資のときほど勝率は高くありません。ですが、それでも勝率は約65%と非常に高い水準となりました。この投資手法を使うことで、逆張りや順張りのように、極端な価格帯にある銘柄以外からも利益を出せるようになるでしょう。

一方、逆張り投資よりも投資のタイミングが早過ぎることが多いため、暴落局面ではドローダウン（＝一時的な損失）が大きくなるという傾向も見られています。

大きく損するリスクがあるため、押し目買いで投資するときには、投資金額を小さくおさえたり、投資対象を大型株に絞ると、より安全に取引できます。また、暴落局面では、押し目買いは控えておくのがよいでしょう。

「押し目買い投資法」を検証しよう！

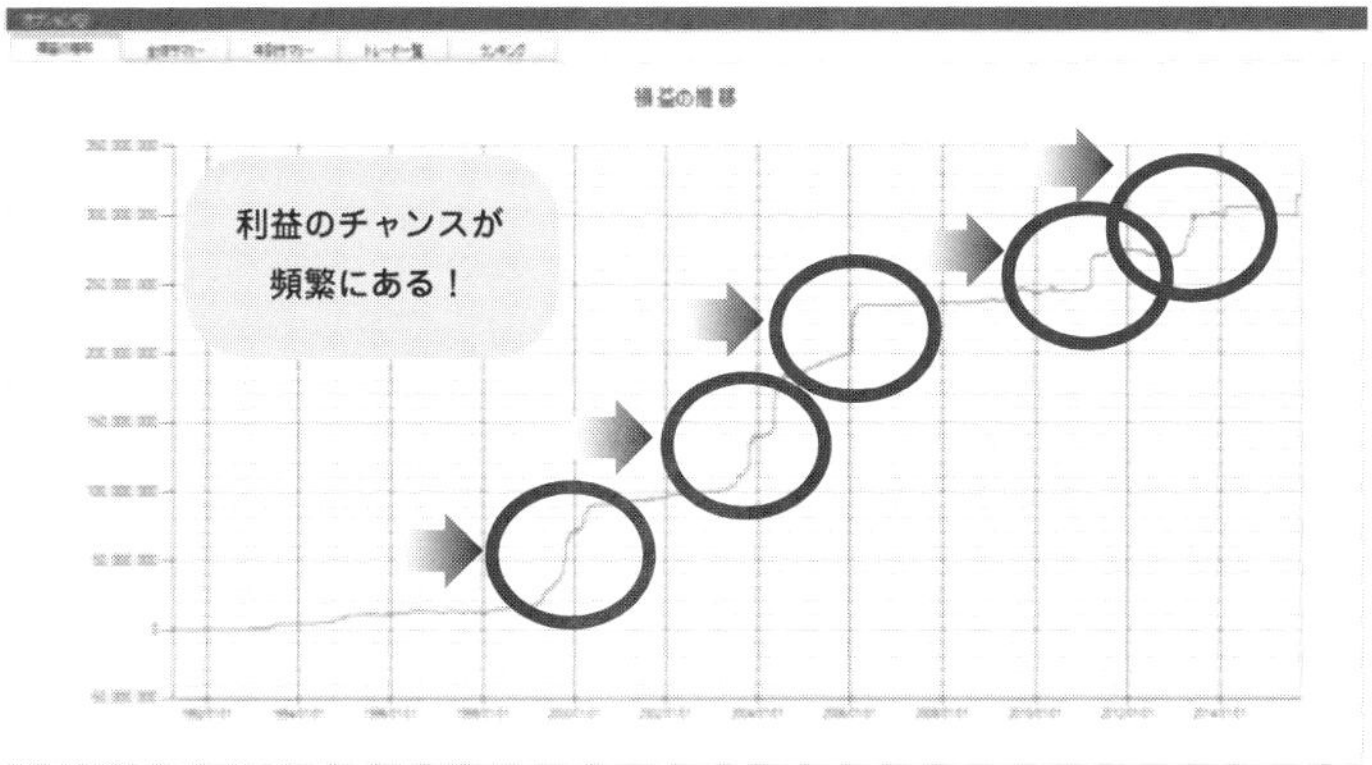

株を買うタイミング

終値が、移動平均(5日)×0.90以下
終値が、直近250日の最安値よりも最高値に近い
上記２点を満たしたら、翌日に株を買う

株を売るタイミング

直近の終値が移動平均(5日)以上まで高くなったら、翌日に株を売る

検証結果

期間：1990年3月1日～2015年9月30日

勝率：67.86%
勝ち数：6,076回
負け数：2,878回
引き分け数：224回

平均損益率：3.90%

プロフィット・ファクター：2.358倍
平均保持日数：6.90日

ここ１週間、暴落している株をすぐ確認できるサイト（株価ランキング通信）
http://kabu.money-plan.net/rank/dr05_01.htm

POINT

上昇トレンドの株が下がってきているとき

ここ１年間の中でも、上昇トレンドにある（＝終値が高値圏にある）株は、急落したときに注目を集めやすいと考えられます。こうした株が急落したときはリバウンドへ転じる機会が多かったことから、利益を出すには使い勝手のよい投資法だと言えるでしょう。

システムトレードの2つの弱点とは？

学習スピードは超高速だが……

万能なように見えるシステムトレードにも、2つだけ大きな弱点があります。

1つ目は、**「過去のデータを参考にするため、過去に例の無いイベントには弱い」**という点です。たとえば、2013年のオリンピック相場。オリンピックの招致が確定したのは、数十年来のことだったため、あのような大相場を経験したことのある方は少なかったはずです。過去にも類を見ないような相場だったこともあり、「株価がとにかく上がり続ける」という相場でした。このような時期には、空売りをしていた方は、大きな損失を被ってしまったこととなります。このように、過去の例を参考に投資するということは、「過去に例がないこと」に対する耐性が弱いということになります。ですから、今までとは違う相場になったときには、手を控えられるように常に相場をウォッチしておく必要があるのです。

2つ目は、**「淡々と作業を続けるだけなため、退屈になってしまう」**という点です。システムトレードは、「条件に当てはまった、利益の出そうな銘柄を売買する」「条件に当てはまらない、利益のでなさそうな株を全て無視する」という投資手法です。ですので、自分がやることと言えば、「毎日株価をチェックし、良さそうな株を見つけ、売買する」という作業ばかりになってしまいます。単調な作業が中心なので、飽きてしまう方も出てくるでしょう。

２つの弱点

弱点①　過去に例のないイベントに対応できない

システムトレードでは「過去のデータ」を参考にした投資をするため、過去に無いイベントには対応しきれません。例を見ない暴落や暴騰では、利益を逃したり不用意な損失を被るおそれがありますので、予め覚悟しておく必要があります。

システムトレードでありがちなミス

暴落 → 株を買う → 過去に例を見ない続落 → 損失が出てしまう

暴騰 → 様子見 → 過去に例を見ない好況・続伸 → 利益を逃してしまう

弱点②　単純作業の繰り返しなため、退屈

投資法が明確かつ単調であるため、利益を出すのが完全な「作業」になります。やることが明確で迷いがなくなるのがメリットです。一方、考えることがないため、ワクワク感やドキドキ感はまったくありません。

システムトレーダーの１日の流れ

仕事が終わる → ５分で有力な銘柄を探す → 注文を出す → あとは自由

1日10分の
単純作業

POINT

完璧ではない…が、学習スピードは圧倒的

ご覧のとおり、システムトレードは万能な投資法ではありません。…ですが、一方で「１０分で１０年分の学習ができる」という点では、この投資法で得られる学習スピードは圧倒的です。また、システムトレードは続ければ続けるほど、過去のデータも多彩になっていきますので、「例のないイベント」が減っていくという特長があります。

株3年生からはあらゆる相場で利益を出せるようになろう！

テクニックを組み合わせよう！

株3年生からは、あらゆる相場の状況で利益を出せる投資家になるのがゴールです。株2年生までは「自分の持っている知識」を、適切な「4W2H」で使いこなすのがゴールでした。ですが、これだけでは安定的に利益を出すことはできません。おそらく、株2年生を終了して、「4W2H」を適切に使いこなせるようになると、今度は新しい悩みが出てくるでしょう。

「上昇相場では利益が出せるのに、下落相場では上手く利益が出せない」……こんな悩みです。自分の投資ノートを振り返ってみると、自分の得意分野やニガテ分野がはっきりとしてくるでしょう。

これまで紹介したテクニックは、それぞれに一長一短があります。逆張り投資なら、下落相場でその真価を発揮するでしょうし、順張り投資はその逆で、強力な上昇相場で威力を発揮します。押し目買い投資は、この2つの中間で、ボックス相場のようなどっちつかずな相場で利益を出しやすいといえるでしょう。

このように、ニガテな時期や得意な時期というのが明確に分かれている訳です。ともすれば、これらの投資テクニックを組み合わせて、「今、利益を出しやすい投資法」を使い、それぞれの投資テクニックに役割分担をさせることで、効率的かつ安定的に利益を出せるようになるはずです。

株3年生からは、これらの**異なる投資テクニックを組み合わせて使えるようになることで、「あらゆる相場で利益を出せる投資家」になりましょう。**

常に稼ぐための３つのポイント

ポイント① しつこい

自転車は「転ばない」と乗れるようにはなりません。株もこれと同じで、損をしないで「一人前の投資家」になることは不可能です。成功している投資家は全員、度重なる損失にもめげませんでした。幾多の損失から何度も立ち直り、「あきらめなかった」投資家たちなのです。

ポイント② 欲張らない

自動車ではハンドル操作を誤れば、すぐに命を落としてしまいます。株も同じで、無茶をすれば、数秒で全財産を失う危険があります。ですから、運転と同じように、株式投資でも安全運転を心掛け、身の安全を再優先しなければなりません。少しでも欲に負けてしまえば、すぐにあなたはお金を失ってしまうでしょう。

ポイント③ 満足しない

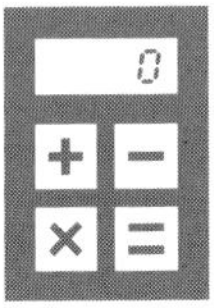

成功している投資家は、１つの投資法だけで成功した訳ではありません。状況によって投資法を切り替えながら使うことで、どんな相場でも利益を出せるように工夫しています。万能な投資法が無い以上、あらゆる相場で利益を出すためには、様々な投資法に精通しなければなりません。「これだけやれば大丈夫」と満足するのではなく、様々な投資法を貪欲に学ぶ姿勢が大切です。

POINT

これらの特徴は、「あれば嬉しい」というだけ

３つの特徴、あなたはいくつ当てはまりましたか？　１つも当てはまらなかったという方も、心配する必要はありません。これらの特徴は、「あれば嬉しい」というだけで、必要不可欠なものではないからです。本当に大切なのは、本書で何度もご紹介している「4W 2H」。これさえ押さえて投資できれば、以上の３つの特徴は押さえなくても、何の問題もありません。

あとは実践あるのみ！

今すぐ実践しよう！

ここまで、私たちは、あなたが「どんな状況になっても利益を出せる」投資家になるために、必要不可欠な、基礎を紹介してきました。これからは、その知識を活かすも殺すも、すべてはあなた次第です。

最後に、本書を通じて紹介してきたことの中でも、もっとも重要なポイントをおさらいしておきましょう。

本書でお伝えしてきた最も大切なこと。それは、過去を振り返って分析することにより、「経験するほど上達する仕組みを作る」ことです。そのためには「4W2H」（＝あなたが制御できる全て）を極める必要があるのです。

このポイントを押さえるだけで、あなたは勉強すればするほど利益が出るようになります。そして、自分の経験を通じて、「利益を増やし」「損を減らす」ためのアイデアが溢れるようになるでしょう。

さあ、あなたは株2年生として必要な知識は全て揃えました。あとは、実践あるのみです。

株式投資は、あなたが考えている複雑なものでもなければ、難しいものでもありません。自転車に乗るかのように、転びながら、怪我をしながら、自分の頭と経験で、「稼ぎ方」を覚えていくものです。

本書の内容を頭のすみにおいて、投資のスキルを磨き続けてください。そうすれば、あなたは「利益を出し続ける投資家」に仲間入りすることができるでしょう。

さあ、ノートを用意して、さっそく株をはじめましょう！

あとは実践あるのみ！

株3年生
膨大なケーススタディを
こなし、利益を出し続ける
「システムトレード」を
マスターする
LEVEL UP!
株2年生
利益を出し続ける秘訣
「4W2H」と投資記録の
つけ方をマスターする
LEVEL UP!
株1年生
「利益と損失」につながる
要因を知る
LEVEL UP!

POINT

実践しなければ、上達なんてできない！

これまで本書では「勝てる投資家」になるために必要不可欠な知識をご紹介してきました。ですが、これを読んだだけで満足してはいけません。まだ、あなたは上達した気になっているだけで、何の進歩もしていません。本当の意味で「一人前の投資家」 になるためには、本書で学んだことをきちんと実践し、利益を出せるまで学びつづけなければなりません。

おわりに

株1年生と株2年生の決定的な違いは、「自分のコントロールできることだけに注力できるかどうか」。これに尽きると考えます。

もしかするとあなたは、本書を読むまで、

「株式投資で勝つためには、世界情勢を考え、日本経済の先行きを予測し、為替がどのように変化するかを先読みし……ありとあらゆることを予測しなければ株で勝つことは出来ない」

と考えていたかもしれません。

あなたに限らず、多くの株1年生が「株式投資は難しい」と感じています。

その理由は「株式投資に関する情報におぼれてしまうこと」にあります。けれども本書をお読みいただけば分かるように、株式投資で成功するために重要なのは難しい情報を理解することではありません。

株式投資はコツを押さえれば大丈夫。そのコツとは本書で紹介した「4W2H」です。

「適切なタイミングで、適切な株を、適切な量、適切な証券会社から、適切な注文方法で、適切な価格で購入する。」たったこれだけです。

つまり「自分のコントロールできることだけに注力し、それ以外は気にしない」これに尽きると思います。

本書をきっかけに株式投資は難しいものではなく、楽しむものだと楽な気持ちで向き合ってもらえるとうれしいです。

株式投資は本当に楽しい世界です。

株式投資には夢があります。

株式投資は自分の世界を広げてくれます。

ただしそれはあくまでも勝てるようになってこそでしょう。

そのため、本著ではあなたが勝てる投資家になれるように実践的な内容にこだわりました。

株式投資の楽しさに気付き、なんとか勝ちたいと切実に願っている株1年生だったあなたに、株式投資のコツをつかんでいただき、株2年生へとステップアップしてほしい。そんな想いで本書を執筆いたしました。

株に限らず何事もコツがつかめば一気に視界が広がり成功に近づきます。

本書をきっかけにあなたが株のコツをつかみ、株1年生から株2年生、そして株3年生へとステップアップし、株式投資で楽しい人生を過ごすきっかけになれば幸いです。

西村剛

●著者

西村 剛（にしむら・つよし）

フェアトレード株式会社代表取締役。

機関投資家出身で、統計データを重視したシステムトレードに注力。2011 年株-1グランドチャンピオン大会で＋ 200,5%、2012 年＋ 160.1%、2013 年＋ 157%を叩き出し三連覇達成。証券アナリスト検定会員。

中原 良太（なかはら・りょうた）

Stock Forecast 代表。

数理解析を駆使した株価予想の才能を認められ、2013 年に「ヤフー！ファイナンス』の投資の達人に大抜擢。全人口の上位約２%の IQ 保持者しか入れない世界的団体 MENSA 会員。

株２年生の教科書

2015 年 11 月 25 日　第 1 版 1 刷発行
2018 年 2 月 3 日　第 1 版 4 刷発行

著者	西村 剛・中原 良太
カバー／レイアウト	藤塚尚子・萩原弦一郎（DIGICAL）
印刷	株式会社文昇堂
製本	根本製本株式会社

発行人　西村貢一
発行所　株式会社総合科学出版
〒 101-0052　東京都千代田区神田小川町 3-2　栄光ビル
TEL　03-3291-6805（代）
URL：http://www.sogokagaku-pub.com/

2015 Printed in Japan　ISBN978-4-88181-849-7

ネットトレーダーズBOOK

デイトレ必勝の基本
株価チャート「分足」を読む力

東田 一／著　　B6 判／本体価格 1,500 円

ISBN 978-4-88181-837-4 C2033

超短期のトレンドを読み取る絶対ツール
「5 分足」チャートの読み方！
注文のタイミングを読む「板情報」の読み方！

5 分足チャートが示すシグナルを瞬時に読み取る力を身に付けよう！
変化の激しい相場にあって、長くても１日のうちに取引を完結させるデイトレでは、5 分足チャートが示す「買いシグナル」「売りシグナル」を瞬時に見分ける技量が投資の成否を分ける！

ネットトレーダーズBOOK

ニートでアニゲーマーの俺が株をはじめてみた

石野 卓／著　　A5 判／本体価格 1,200 円
エマ・パブリッシング／編

ISBN 978-4-88181-848-0 C2033

我が輩はアニゲーマーである。

職歴はまだない。


二次元美少女を愛する兄ゲーマーの著者が、ネット株取引を解説した初心者入門書！

「株はやってみたいけど俺にはちょっとハードルが高いかな」と二の足を踏んでいた同士諸君！

今すぐ立ち上がるのだ！